DIE HAYSCHE TRENN-KOST

Nach Dr. Hay und Dr. Walb

Von Dr. med. Ludwig Walb

Mit vielen erprobten Rezepten und Speisezetteln von Ilse Walb

Mit einer zweifarbigen Nahrungsmitteltabelle und 16 Abbildungen

34. Auflage

Motto:

Nicht die Jahre,
sondern die Lebens- und Ernährungsweise eines Menschen
bestimmen sein Alter,
das Geburtsdatum ist unverbindlich.

Karl F. Haug Verlag GmbH · Heidelberg

CIP-Kurztitelaufnahme der Deutschen Bibliothek

Walb, Ludwig:
Die Haysche Trenn-Kost: nach Dr. Hay u. Dr. Walb / von Ludwig Walb. Mit vielen
erprobten Rezepten und Speisezetteln von Ilse Walb. — 34. Aufl. — Heidelberg: Haug,
1980
ISBN 3-7760-0486-X

© 1957 Karl F. Haug Verlag, Ulm/Donau
In italienischer Sprache erschien „Alimentazione dissociata di Hay" in 2. Auflage.
28. Auflage 1976
29. Auflage 1977
30. Auflage 1978
31. Auflage 1979
32. Auflage 1980
33. Auflage 1980
34. Auflage 1980
Verlags-Nr. 80104
ISBN 3-7760-0486-X
Weitere Übersetzungen in andere Sprachen in Vorbereitung.
Gesamtherstellung: Pfälzische Verlagsanstalt GmbH + Co. KG, Landau/Pfalz

Trenn-Kost

ist im Gegensatz zu allen
Ernährungsformen eine

Trennung

von Eiweiß und Kohlehydraten innerhalb
einer Mahlzeit.

Inhalt

Diabeteskost
Anhang für Diabetiker

Vorwort zur 2. Auflage

Dieses Büchlein enthält die Zusammenfassung der persönlichen Erkenntnisse eines Arztes, dessen Buch, „A New Health Era" mir 1939, kurz vor dem letzten Weltkrieg, ein Zufall in die Hände spielte. Ich könnte diesen Zufall auch Fügung nennen; denn ich hatte damals fast sämtliche Schriften aller bekannten Ernährungsforscher gelesen und selbst erprobt.

Alle Ernährungsmethoden, die ich bei diesem Studium kennenlernte, gipfelten in der Bevorzugung von mehr Obst und Gemüse und weniger konzentriertem Eiweiß und Stärkemehl und in der Verwendung von Vollkornmehlen und nichtdenaturierten Nahrungsmitteln. Sie berücksichtigten aber alle nicht, daß bei der Zusammensetzung der Nahrung auch die Chemie des Körpers beachtet werden muß. Nach eingehender Beschäftigung mit diesen Dingen ist mir zwangsläufig klargeworden, daß die Haysche Trenn-Kost, die so einleuchtend und einfach die chemischen Verdauungsgesetze berücksichtigt, als ein großer Fortschritt unserer Erkenntnisse auf dem Gebiete der Ernährung anzusehen ist, wenn nicht gar als der goldene Schlüssel für jede Ernährungslehre überhaupt. Ich sagte mir deshalb, wenn die Behauptung HAYS richtig ist, so muß seine Theorie zunächst einmal bei dem auf Seite 82 angeführten Schrumpfnierenfall anwendbar sein. Dieser Fall war von Prof. VOLHARD klinisch klargestellt und auch von ihm für medizinisch unheilbar erklärt worden. In diesem Falle sind alle nur denkbaren Behandlungsweisen durchgeführt worden, selbst ein Klimawechsel in Ägypten blieb ohne den gewünschten Erfolg. Als ich bei diesem Patienten die Trenn-Kost versuchte, war er ein von ärztlicher Seite erklärter Todeskandidat, wofür auch alle bereits auftretenden urämischen Vergiftungserscheinungen sprachen.

In welch überzeugender Weise die Haysche Trenn-Kost trotzdem noch heilte, und zwar ohne weiteres Medikament, ergibt sich aus den aufgeführten Krankengeschichten. Die Richtigkeit der Trennung der Nahrungsmittel nach chemischen Gesichtspunkten und die Wirkung auf den Körper wurde mir bei diesem Falle eindeutig bewiesen, dazu noch bei Erkrankung eines der empfindlichsten und reaktionsbereitesten Organe, den Nieren.

Wenn auch inzwischen Antibiotica und andere verbesserte Heilmittel den pharmazeutischen Markt bereichern, so ist doch die tägliche Nahrung das, wovon die Gesundheit und das Wohlbefinden abhängen, und Antibiotika kein Allheilmittel darstellen.

Auch eine Kapazität wie Prof. VOLHARD weist in seinem Diätbuch*) anerkennend auf die Haysche Trenn-Kost hin.

Der amerikanische Arzt Dr. Howard HAY war kein Nahrungsmittelchemiker; seine Erkenntnisse beruhen auf eigenem Denken und eigener Beobachtung. HAY gab zwar in seinen Büchern Erläuterungsversuche für seine Erkenntnisse der chemischen Vorgänge im Körper. Er war mit seiner Ernährungslehre unserem Zeitdenken weit vorausgeeilt. Ich möchte, wie es grundsätzlich der Hayschen Auffassung entspricht, meinen Lesern in erster Linie eine Anleitung zu einer sinnvolleren Ernährungsweise vermitteln, als sie die bis jetzt eingebürgerte Ernährung darstellt.

Gerade in unserer Zeit, in der das Nahrungsmittelproblem wieder ein sehr kostspieliges Problem wurde, ist es nicht unangebracht, darüber nachzudenken, wie wir in der Lage sind, die Nahrung besser auszunutzen, und es ist zu bedenken, daß ein unausgenutztes Essen auch unwirtschaftlich ist, ganz abgesehen von den Krankheiten, die schlecht verdaute Mahlzeiten hervorrufen können. Es würde auch vom wissenschaftlichen Standpunkt aus interessant sein, weitere Versuche mit der Hayschen Trenn-Kost durchzuführen. Die mir bekannt gewordenen Versuche ergaben ausgezeichnete Resultate.

Ich halte es auch vom medizinisch-wissenschaftlichen Standpunkt aus für vertretbar, eine in Deutschland größtenteils noch unbekannte Kostform zu publizieren, deren wissenschaftliche Darstellung aber nicht Zweck dieses Büchleins sein kann. Wissenschaftliche Theorien interessieren die Allgemeinheit nur am Rande. Den Kranken interessiert das, was ihm helfen kann.

Die sehr schnell vergriffene erste Auflage dieses Büchleins und die große Zahl begeisterter Anhänger dieser Kostform sind eine Bestätigung dafür, daß die Veröffentlichung im Interesse von Kranken und Gesunden notwendig war. Viele meiner Kollegen, wie Prof. Dr. Dr. BALTERS, Waldbröl, haben die einfache Darstellung der Hayschen Trenn-Kost begrüßt. Eine Ernährungstheorie, die erheblich vom Altergebrachten abweicht, muß in erster Linie von der Hausfrau und der Köchin verstanden werden. Mit einer Übersetzung der Hayschen Originalschriften allein, ohne praktische Anleitung und ohne Kochrezepte, wäre den meisten Menschen nicht gedient gewesen. Deshalb habe ich auf Wunsch auch vieler bekannter

---

*) VOLHARD, Prof. Franz: Die kochsalzfreie Krankenkost unter besonderer Berücksichtigung der Diätetik der Nieren-, Herz- und Kreislaufkrankheiten.

Kliniken das Prinzip der Trenn-Kost in dieser allgemein verständlichen Form erläutert.

Homberg (Kreis Alsfeld), im März 1957

Dr. med. WALB

Vorwort zur 10. Auflage

Wir stehen heute vor der Herausgabe der 10. Auflage der „Hayschen Trenn-Kost".

Seit dem ersten Erscheinen des Büchleins vor etwa 3 Jahren haben wir sehr viele dankbare und interessante Zuschriften aus dem In- und Ausland von Lesern erhalten, denen die Trenn-Kost geholfen hat, ihren Gesundheitszustand zu verbessern.

So schreibt z. B. Herr Dr. K. aus W. das Folgende: „So darf ich Ihnen meinen herzlichsten Dank aussprechen, daß Sie ein so allgemein verständliches Buch geschrieben haben, dessen Inhalt, wenn konsequent danach gehandelt wird, wohl eines der besten ärztlichen Rezepte überhaupt darstellt."

Gewiß enthalten alle Nahrungsmittel außer Fleisch von Natur aus „Mischungen" (s. REIN-STEPPSCHE Tabelle, S. 34 u. 35), aber allein schon die Trennung der Extreme (Eiweiß von Kohlehydrat) erzielt beachtliche Besserungen bei Diabetikern und Nierenkranken, deren Ausscheidungen meßbar sind. Wir finden die Ansicht HAYS immer wieder in unserer Klinik bestätigt.

Wenn selbst Laien, die die Kost nach unserem Buch zubereiten, so damit umgehen lernen, daß sie Erfolge haben, wie viel leichter müßte es dann erst Berufeneren fallen, die Richtlinien der Hayschen Trenn-Kost zu bestätigen.

Selbst wenn kein anderer Beweis erbracht werden könnte als der, den die Zucker- und Nierenkranken erbringen, dann würde dieser Beweis für den Wert und die Leistungsfähigkeit der Kost meines Erachtens genügen. Denn welche Kostzusammenstellung vollbringt die gleiche Leistung ohne Einschränkung und ernährt vollwertig!? Die Funktion der Nieren und Bauchspeicheldrüse wirkt sich auf die inneren Organe, Haut, Nerven und Kreislauf ebenso günstig aus.

Wir selbst und unsere Patienten empfinden die Kost als eine Erleichterung für die Küche, da sie leichter durchführbar ist als jede andere. Es gehören lediglich Wissen und Übung dazu, wie bei jeder Neuerung. Wir haben uns zur besseren Einführung der Kost die Mühe gemacht, sie so für unsere Klinik zusammenzustellen, daß sie dem allgemeinen Geschmack entspricht und jeder sie nach den gegebenen Richtlinien selbst zusammenstellen kann.

Nach unseren Erfahrungen hat sich das am besten bewährt; denn es erleichtert jenen die Durchführung, die nicht die Zeit haben, sich mit dem Buch genauestens zu befassen. Die Trennung nach HAY bedeutet keinerlei Verwirrung; denn sie gibt klarere Richtlinien als jede andere Kostform und verbietet außer den denaturierten kaum ein Nahrungsmittel. Sie ist eine echte Vollwertkost, ist sättigend und nährend. So wird auch diese Auflage unbeirrbar ihren Weg gehen, und wir wünschen auch der 10. Auflage den Erfolg der vorhergehenden.

Homberg (Kreis Alsfeld), im Juni 1960

Dr. med. LUDWIG WALB u. Frau ILSE WALB

Vorwort zur 17. Auflage

In unserer 17. Auflage haben wir wissenschaftliche Hinweise für die Wirkung der Trenn-Kost gegeben, damit sich auch der Arzt einen Überblick über das Säure-Basen-Gleichgewicht verschaffen kann und damit über die chemischen und physikalischen Auswirkungen der Nahrungsaufnahme.

Wir hoffen, daß immer mehr Ärzte für sich und ihre Patienten diese Erfahrungen anwenden um damit bei sich und anderen optimale Gesundheit und bessere Leistungsfähigkeit anzustreben. So wünschen wir auch dieser 17. Auflage den Erfolg der bisherigen.

Homberg, den 30. Juni 1967
Privatklinik Homberg/Oberhessen

Dr. med. LUDWIG WALB und Frau ILSE WALB

Vorwort zur 20. Auflage

Aufgrund von Leserwünschen haben wir der 20. Auflage eine kurze Erläuterung über die in unserer Klinik durchgeführte Elektro-Neural-Diagnostik und -Therapie hinzugefügt.

Trenn-Kost und EN-Therapie haben, zusammen angewandt, sich gegenseitig unterstützend, nachweislich sehr gut auf die Meßwerte und damit auf die Besserung des Krankheitsgeschehens ausgewirkt. Sie bilden eine gezielte Ganzheitsbehandlung.

Möge darum auch diese Auflage dazu dienen, kranken Menschen zu helfen.

Homberg, im Oktober 1969
Klinik am Hohen Berg
6313 Homberg/Krs. Alsfeld
Fernsprecher: (0 66 33) 8 16 / 8 17 / 8 18
Privat: (0 66 33) 76 68

Dr. med. H. L. WALB und Frau ILSE WALB

Feststellung der Deutschen Gesellschaft für Ernährung:
Jeder 25. Bundesbürger braucht jetzt schon Diät.
Ist diese Feststellung nicht auch geeignet, jeden Bundesbürger zum Nachdenken anzuregen?

Wir freuen uns,
der
34. Auflage
einen
Anhang
für
Diabetiker
anfügen
zu können
und
wünschen
auch
der 34. Auflage
den Erfolg
der vorhergehenden

Einleitung

Es gibt z. Zt. fast für jede innere Erkrankung eine Diät, für jedes Organ eine andere. Meist verbieten diese Diäten so viel, daß kaum jemand in der Lage ist, sie lange Zeit durchzuführen, es sei denn, daß davon wirklich sein Leben abhängt. An dieser Stelle nur eine kleine Auslese:

1. Diät bei Krankheiten des Magens und Zwölffingerdarms
2. Diät bei Herzkrankheiten und Kreislaufstörungen
3. Diät bei Erkrankungen der Niere und der Harnwege
4. Diät mit roher und vegetarischer Kost
5. Diät für Gichtkranke
6. Diät bei Zuckerkrankheit
7. Diät bei Erkrankungen der Leber und Gallenblase
8. Diät für den Säugling und das Kleinkind in gesunden und kranken Tagen
9. Diät bei Fettsucht
10. Diät für Fieberkranke und Genesende (Schonkost)
11. Diät bei Darmkrankheiten
12. Diät bei Rheumatismus, Migräne und einigen anderen Krankheiten
13. Diät bei Asthma bronchiale und Lungenemphysem.

Man kann diese Liste beliebig verlängern, von den Diäten zum Schlankwerden und von vielen anderen „Zweckdiäten" ganz zu schweigen (zum Beispiel Hollywoodkur).

Wir kennen auch Krankheitsformen, die medikamentös schwer oder gar nicht zu beeinflussen sind, sich aber bessern und heilen, wenn man dem Körper eine Nahrung zuführt, die der Chemie des Körpers entspricht.

Es sind neue Erkenntnisse, die diese Behauptung stützen, und sie sind wert, daß man sie näher beleuchtet.

Die bisherigen Eßgewohnheiten richten sich hauptsächlich nach dem Gaumen und danach, worauf man „Lust hat". Bei Festessen ißt man noch reichlicher und „besser" als sonst. Wer oft an solchen Essen teilnehmen muß, kennt auch die Folgen. Anfangs ist es meist nur Müdigkeit, oder es sind Verdauungsbeschwerden. Später kommen dann Herz- und Kreislaufkrankheiten dazu. Aufgrund der neuen Erkenntnisse kann man solche Erkrankungen aber verhüten, wenn man die Gefahr rechtzeitig erkennt.

Man braucht nichts anderes zu tun, als die chemischen Verdauungsgesetze anzuerkennen und zu beachten.

Unsere Nahrung setzt sich in der Hauptsache aus Eiweiß, Fett, Kohlehydraten, Vitaminen und Mineralien zusammen. Unsere Nahrungsmittel enthalten diese in der verschiedensten Zusammensetzung. Wenn wir aber untersuchen, zu welchem Prozentsatz sie diese enthalten, so erkennen wir, daß es Produkte gibt, wie Fleisch und Fisch, die keine Spur von Kohlehydraten enthalten, und daß die Kohlehydrate nur geringe Mengen Eiweiß enthalten, oft nur in Spuren, also reine Kohlehydrate darstellen.

Wenn wir bei unserem Essen (aus geschmacklichen Gründen) mischen, was die Natur zu mischen unterließ, so begehen wir schon damit den ersten Verstoß gegen die chemischen Verdauungsgesetze.

Vielleicht lassen sich diese Verdauungsgesetze nie ganz klären, aber die Fehler, die durch eine sinnlos zusammengestellte Nahrung entstehen, können wir alle an ihren Krankheitsbildern erkennen.

Der Mensch wächst vom Säuglingsalter an mit falschen Eßgewohnheiten auf und gewöhnt sich scheinbar an seine Kost. Die Säuglingssterblichkeit ist selbst in einem so kultivierten Lande wie Amerika sehr hoch, ebenso die Kindersterblichkeit. Die Vorstufe zur Krankheit der Erwachsenen, die die „große Müdigkeit" genannt werden kann, beträgt nach Hay in Amerika einen großen Prozentsatz. Der Mensch erkrankt nicht immer gleich, aber die „große Müdigkeit" (Hay) lähmt seine Entschlußkraft und seinen Leistungswillen. Schon allein diese Tatsache schadet dem einzelnen und einem Volk mehr als manche „richtige" Erkrankung, weil sie häufiger und statistisch nicht zu erfassen ist. Wären unsere Eßgewohnheiten physiologisch, das heißt dem Körper zuträglich, so dürften Verdauungsbeschwerden und Stoffwechselkrankheiten nicht in so großem Umfang auftreten. Die zahllosen Kreislauferkrankungen wären seltener; nach statistischen Angaben sterben die meisten Menschen an Erkrankung der Kreislauforgane, dann erst folgt Krebs.

Der amerikanische Arzt Dr. Howard Hay erkrankte vor ca. 30 Jahren an einer als unheilbar geltenden Krankheit, der Brightschen Nierenerkrankung, die auch als Schrumpfniere bezeichnet wird und für deren Krankheitsverlauf eine Eiweißausscheidung charakteristisch ist. Er heilte seine Erkrankung mit der Umstellung seiner Nahrung auf die „chemischen Nahrungsgesetze". Er erreichte so eine vollständige Heilung und damit Zurückgewinnung seiner

Arbeitskraft. Er erkannte, daß die Gründe, die zu einer inneren Erkrankung führen, in der Hauptsache in der falschen Zusammensetzung der Nahrung liegen.

Die im folgenden ausgeführte Nahrungszusammensetzung ist deshalb nicht als eine Diät, sondern als eine Ernährung anzusehen, denn sie ist zeitlebens durchzuführen. Sie ist nichts anderes als die gewohnte vernünftige bisherige Kost, nur Eiweiß und Kohlehydrate (die zwei Hauptnahrungsmittel) sind getrennt, daher der Name „Trenn-Kost". Sie ist nicht nur eine Heilmaßnahme für Kranke, sondern auch eine Vorbeugung für Gesunde. Darin liegt ihr Hauptwert. Jeder, dessen Leistung nicht voll auf der Höhe ist, sollte sich die Vorteile dieser neuen Ernährung klarmachen, um durch sie seine Leistungen steigern zu können und dadurch mehr Freude am Leben zu haben.

Auszug aus dem Buche von Hay

„Eine neue Gesundheitsära"*)

a) Von den Ursachen der inneren Krankheiten

Colonel Robert McCARRISON, der als englischer Militärarzt in einer abgelegenen Himalajastation Dienst zu tun hatte, hat in den 9 Jahren, die er dort verbrachte, nicht einen Fall von Blinddarmentzündung zu sehen bekommen, ebenso nicht Magen- und Darmgeschwüre, Gallensteine, Dickdarmentzündungen, Verstopfungen, Katarrhe, Verdauungsstörungen, Asthma, Gicht, Rheuma oder irgendeine andere Zivilisationskrankheit. Die Eingeborenen sind durch religiöses Dogma beim Essen auf die Bodenerzeugnisse beschränkt, mit Ausnahme von Milch und Käse, wovon sie wenig brauchen; ihre Hauptnahrung besteht aus Nüssen, Gemüsen, Früchten und Vollkornbrot. HAY sagt nicht, daß die Eingeborenen nicht krank geworden wären; aber er sagt wie viele andere, daß ihre Lebensgewohnheiten die Krankheiten einschränken, die durch verkehrte Eßgewohnheiten verursacht werden.

Weiter sagt HAY: Die einzige wahre Behandlung aller Krankheiten ist die Verhinderung ihrer Ursachen. Diese Einsicht wird zwar nie Allgemeingut der Menschen werden, weil nicht jeder für eine geistige Einsicht bereit ist; aber viele werden sich freuen, wenn sie die Ursache ihres Völlegefühls oder ihres sonstigen schlechten Befindens kennenlernen und in der Lage sind, es zu verhindern oder zu bessern. Man braucht deshalb auf keine der wirklichen Lebensfreuden zu verzichten und besonders nicht auf Tafelfreuden; denn die Nahrung kann noch viel genußreicher sein als in renommierten Gasthäusern, wenn wir nur die Grundbegriffe der Ernährung verstehen und die rechte Wahl in rechter Zusammenstellung getroffen wird.

Die Nahrung sollte in erster Linie aufbauen, in zweiter erfreuen und schließlich mit den Gesetzen der Chemie in Einklang stehen, wie die alten Römer schon sagten: mens sana in corpore sano. Es tröstet dabei, daß wir täglich sterben und täglich neu geboren werden. Zelle für Zelle, bis aus dem ganzen alten Körper ein neuer

---

*) Dieser Auszug aus dem Originalwerk HAYS blieb unverändert, wurde aber stark gekürzt.

wird, und zwar einer, der mehr oder weniger gesund sein kann, was
ganz davon abhängt, wie wir die Wiedergeburt vorbereitet haben.
Vergiß nie, daß keiner für Dich verdauen kann, was Du ißt! Es
kann Dich deshalb niemand so gut gesunderhalten, wie es Dein ei-
genes Selbst kann. Gesundheit bedeutet frei sein von leichter Er-
müdbarkeit, von Krankheit, Schwermut und allen Störungen.

Wie weit ist der zivilisierte Mensch von einer völligen Gesundheit
entfernt! HAY sagt dazu: Ist es nicht seltsam, daß 200 000 Säuglin-
ge in Amerika nie das Ende des 2. Lebensjahres erreichen, daß
400 000 Kinder vor Beendigung des 10. Jahres sterben und daß
75 % der amerikanischen Kinder mit größeren oder kleineren Leiden behaftet sind? Die Kinder in den Land- und Stadtschulen sind
bis zu 75 % mehr oder weniger gesundheitlich geschädigt. Wir (die
Amerikaner) sind angeblich ein begnadetes und kultiviertes Volk,
reich, gebildet, fortschrittlich in Kunst und Handel, und zwar in einem solchen Ausmaß, daß wir der Welt verkünden, daß wir das er-
lauchteste Volk der Erde seien, und dennoch haben wir die größte
Kindersterblichkeit unter allen zivilisierten Nationen der Erde, und
die Sterblichkeit unserer Mütter ist größer als in irgendeinem anderen Land. Dabei kann jedes normal geborene Kind sich zu einem
vollkommenen Erwachsenen entwickeln, wenn das Kind nach der
Geburt richtig ernährt wird. Die Nahrung ist es, die den Zustand
nach der Geburt weitgehend bestimmt und ob das Kind schon früh
stirbt oder ein hohes Alter erreichen wird. Es hängen mehr Mangelerscheinungen bei Kindern von unrichtiger Ernährung als von
einer anderen Ursache ab, und zwar von 1. Überfütterung und un-
möglicher Zusammensetzung der Nahrung, 2. Zuführung von Stärke und Zucker vor der Zahnentwicklung. Diese bringen die Nahrung aus dem Gleichgewicht und verursachen sowohl Überfluß- als
auch Mangelerscheinungen. Die Zivilisation hat die Nahrungsmittel so verändert, raffiniert, konserviert, verfälscht, daß wenig von
dem natürlichen Gehalt der Nahrung übrigbleibt; so leiden wir inmitten des Überflusses oft an Mangel, hungern inmitten der Fülle.

Es bleibt unbestreitbare Tatsache, daß Krankheit nur die unvoll-
kommenen Gewebe ergreift, und es ist Tatsache, daß Krebs nie in
einem gesunden Gewebe entsteht. Dasselbe kann von anderen
Krankheiten gesagt werden; denn der widerstandsfähige Körper ist
weniger Infektionen ausgesetzt, wird nicht in Aufbau oder Funktion entarten. Der gesunde Körper entartet nur, wenn er mit der
steigenden Flut seiner Körperrückstände, den Säureendprodukten
der Verdauung und den Giften nicht mehr fertig wird. Eine be-

stimmte Menge dieser Säureendprodukte entsteht als Ergebnis der Zersetzung der sterbenden Zellen, deren Rückstände sauren Charakter haben.

Weitaus größere Rückstände entstehen durch den zu großen Eiweißverbrauch. Der Durchschnittsamerikaner verbraucht täglich 10mal so viel Eiweiß, wie zum Wiederaufbau gebraucht wird. Das Eiweiß ist ein zu schlechter Brennstoff, um Kraft daraus zu ziehen, und es ist in jeder Hinsicht kostspielig. Essen wir nun mehr Eiweiß, als wir brauchen, was wird dann aus dem unverbrauchten Teil? Wenn wir nicht genug körperlich tätig sind, können die Reste nicht völlig verbrennen. Die Eiweißreste bleiben halb verbrannt im Körper zurück, sammeln sich hauptsächlich als Harnsalze an und verwandeln sich in Harnsäuren, Xanthin, Hypoxanthin, Kreatin, Kreatinin u. a., alles Säuren, alles belastende Rückstände für unsere leiblichen und seelischen Funktionen. Das Übermaß an Eiweiß wirkt an erster Stelle als Ursache für frühe Erkrankung. Körperlich Arbeitende werden mit den Rückständen eher fertig als Menschen mit sitzender Lebensweise; denn halbverbrannter Harnstoff ist schwer auszuscheiden.

Eine andere Ursache unserer Krankheiten ist zweifellos der zu große Verbrauch der raffinierten und denaturierten Nahrungsmittel, wie Weißmehl, weißer Zucker, raffinierte Stärke- und Zuckerformen aller Art. Das sind Säurebildner im höchsten Grade; denn ihre Verbrennung hinterläßt Kohlensäure im Blut. Doch haben ihre Rückstände keinen so schädigenden oder vergiftenden Charakter wie die Eiweißgruppe. Ihre Hauptgefahr liegt darin, daß sie nicht genug basische Elemente im Körper zurücklassen und so den Säurezustand vorbereiten.

Die dritte Ursache für frühe Erkrankungen ist die Mißachtung der Gesetze der Chemie, die die Verdauung der Nahrung regeln. Würden diese Gesetze bei der Auswahl und erst recht bei der Zusammensetzung der Nahrung befolgt, so würde der Körper in wenigen Wochen eine solche Regeneration erfahren, daß selbst die größten Skeptiker davon überzeugt würden, daß wir das sind, was wir essen.

Jeder Chemiker weiß, daß zur Stärkeverdauung zuerst der Speichel gebraucht wird. Seine Wirkung hängt aber von einem schwachen Ferment, dem Ptyalin, ab, das nur bei genügend vorhandenen Basen wirken kann. Ohne Basengrundlage gibt es keine Ptyalin-Wirkung auf Kohlehydrat-Nahrung. Ißt man also das stärkehaltige Brot oder die gekochten Kartoffeln mit sauren Früchten zusammen, dann hat man die alkalischen Vorbedingungen beseitigt, von denen das Ptyalin abhängig ist, es kann also seine Aufgabe nicht erfüllen, und die Stärke kommt unverdaut in den Magen. Da es im Magen aber kein Ferment gibt, das auf die Stärke einwirken kann, bleibt sie unverdaut und kommt so unmittelbar in den Dünndarm, wo wieder kein genügendes Mittel zu ihrer Verdauung vorhanden ist und wo sie bei Wärme und Feuchtigkeit dann gärt.

Die Verdauung der Eiweißnahrungsmittel, wie Fleisch, Fisch, Eier und Käse, hängt in erster Linie von der Wirkung des Pepsins im Magensaft ab. Da Pepsin nur bei vorhandener Säure arbeitet, so handeln wir falsch, wenn wir zu einer Eiweißmahlzeit reichlich Kohlehydrate essen, denn die Stärkemehle verlangen Basen, und die Eiweißstoffe verlangen Säuren. Der Magen kann nicht beides zur gleichen Zeit entwickeln; denn keine Flüssigkeit kann zur gleichen Zeit sauer und basisch sein, so wenig wie ein Zimmer zur gleichen Zeit hell und dunkel sein kann. Hätten wir nicht noch Alkalireserven im Körper, um die sich bildenden Säuren zu binden, so würden wir nicht lange genug leben, um unser Testament machen zu können. Die Säure ist im Körper unduldsam, und wenn sie sich bildet, müssen immer in den Zellen und Geweben freie Basen sein, damit sich die Säure binden kann, sonst erleiden wir schweren Schaden. Darum können wir sagen, daß die funktionelle Aktivität im genauen Verhältnis zu unserer Alkalireserve steht. Alles, was unsere Basenreserven erschöpft, erschöpft auch unsere funktionelle Aktivität, was, groß geschrieben, unsere G e s u n d h e i t bedeutet. Je weniger Säuren wir bilden, um so weniger Basen werden von der Reserve gebraucht und um so vollkommener wird unser Körper funktionieren.

Das richtige Verhältnis von säurebildender zu basenbildender Nahrung beträgt 2 zu 8, das heißt, daß nur $^1/_5$ unserer täglichen Nahrungsmittel aus Brot, Stärke, Fleisch, Eiern, Käse usw. bestehen sollte; und doch ißt man täglich umgekehrt. Die konzentrierte Nahrung überwiegt auf den meisten Tischen, zu Hause wie in den Gasthäusern. $^4/_5$ der täglichen Nahrung sollten aus basenbildenden Stoffen bestehen, aus Gemüsen, Salaten, frischen Früchten u. ä. Mit diesen kann entweder Milch oder Buttermilch vereinigt werden, weil die Milch weder Säuren noch Basen bildet. Aber sie verträgt sich nicht mit konzentrierten Nahrungsmitteln und sollte darum nur mit basenbildenden Salaten und Früchten genossen werden.*)

---

*) Hay gestattet die Milch zu den konzentrierten Mahlzeiten nicht, da sie an sich schon schwer verdaulich ist.

Die Gewohnheit der meisten Kinderärzte, Stärkemehlnahrung zu geben, ehe die Zähne des Säuglings alle da sind, ist eine der Hauptursachen der häufigen Gärungsdyspepsien, an denen Kinder oft leiden. Die galligen Anfälle, die Appetitlosigkeit, das saure Aufstoßen, die Hautausschläge, die Reizbarkeit, das Bettnässen sind Anzeichen frühzeitiger Bildung von Säure. So ist das heranwachsende Kind schon mit 2 Jahren völlig übersäuert.

Den Brustkindern Orangensaft zuzufüttern, ist eine weise Vorbeugung; denn nur wenige Mütter haben die nötigen Elemente in ihrer Milch, und zwar als Folge ihrer eigenen ungenügenden Eßgewohnheiten. Ziegenmilch ist sehr fett, weshalb sie zur Hälfte mit Wasser verdünnt werden muß. Sie braucht daher auch keine Zugabe von Rahm und auch keinen Milchzucker. Ziegenmilch ist deshalb vorzuziehen, weil die Ziege gewöhnlich nicht so viele Krankheiten wie die Kuh hat.

Wenn das Kind 6 Monate alt ist, kann man zerkleinertes Gemüse, zum Beispiel Spinat, Rüben, rote Rüben, Karotten, Sellerie, sogar Weißkraut, dazu geben. Das Gemüsepüree soll in kleinen Mengen gegeben werden; falls das Kind es gut verträgt, erhöht man bis zu einem oder sogar bis zu zwei Eßlöffeln täglich in derselben Weise, wie man entsprechend dem Wachsen des Kindes die Milch vermehrt. Ebenso fügt man Früchte verschiedener Art hinzu, wie reife, rohe Tomaten, die so gut wie Orangensaft sind. Geschälte Äpfel kann man frühzeitig geben, vielleicht so früh wie Gemüsepüree; aber Orangensaft sollte man vor allem nehmen wegen der wasserlöslichen Vitamine, die zum Wachstum und zur Entwicklung nötig sind. Mindestens ein Teelöffel voll Orangensaft oder mehr sollte dem Kinde vor jeder Fütterung verabreicht werden. Fast jeder Säugling scheint ein natürliches Bedürfnis nach dem Orangensaft zu haben.

Das Sonnenbad sollte nicht vernachlässigt werden. Man kann es täglich geben. Auch bei kaltem Wetter muß das Kleinkind, warm eingepackt, in die frische Luft und an die Sonne, um zu schlafen. Mit dem weiteren Wachsen ist alles, was für den Erwachsenen gut ist, auch für das Kind von über 2 Jahren gut; denn die Bedürfnisse sind dieselben.

Beginnt man als Erwachsener die Trenn-Kost, so gibt es dabei zuerst einen Gewichtsverlust, da der Körperhaushalt von den früheren Säureüberschüssen gereinigt wird. Aber das ist nur eine korrigierende Maßnahme, die der Körper durchmachen muß, ehe eine Besserung eintreten kann. Das letzte Ergebnis wird eine Gewichts-

zunahme bei Untergewichtigen und ein Gewichtsverlust bei Fettlei-
bigen sein. Die Neigung des Körpers geht immer nach dem Normalen, wenn der Säureüberschuß im Körper aufgehoben und die
Funktion normal wird. Das ist ja auch ein inbrünstiger Wunsch der
Dünnen und der Dicken; denn beide Zustände sind Bestätigung ab-
normer chemischer Körperzustände. Wenn für unser Empfinden
die Sonne heller scheint, die Vögel süßer singen, der Tag ohne die
täglichen Störungen vergeht, die frühere Ermüdung weicht, dann
sind wir auf dem richtigen Wege.

b) Von der Wirkung der Nahrung auf den Geist

Nach HAY ist das Gehirn das große Reflexzentrum, von dem alle
Nerven ausstrahlen, die die Bewegungen und Empfindungen kon-
trollieren. Und da das Gehirn in der Versorgung mit Blut und
Sauerstoff vom Körper abhängig ist, so muß es auch von dem abhängig sein, was wir essen, denn das, was wir essen, bestimmt das
Blut, das wir haben. Ein mit Säure beladenes Blut ist sicher nicht
imstande, funktionelle Höchstleistungen zu vollbringen. Übersäuerung kann das Gehirn so belasten, daß ein klares Denken unmög-
lich ist, und selbst Zustände tiefer Schlafsucht kommen gewöhnlich, wie wir oft feststellen, von chronischen Vergiftungserscheinungen. Die Kennzeichen der Schwächung des Gehirns sind langsames
Denken, schlechte Urteilskraft, Gedächtnisschwäche, Mangel an
Konzentrationsvermögen; und dieses letztere ist sicher eines der be-
zeichnendsten Merkmale. HAY weiß dies von sich und anderen, die
noch in fortgeschrittenem Alter durch eine Ernährungsumstellung
der angegebenen Art körperliche und geistige Frische erfuhren. Einer der frappierendsten Fälle ist der des Dr. Rob. G. JACKSON von
Toronto, Ontario, der mit 49 Jahren an Schrumpfniere erkrankte.
Er hatte Bluthochdruck, Arterienverkalkung, Doppelglaukom
(grüner Star), Blutung in einem Augenhintergrund, wodurch er die
Sehfähigkeit ganz verloren hatte, Neuritis und Arthritis, was ihn
5 Jahre zu einem Krüppel machte. Er beschritt den vorgeschriebe-
nen Weg des Essens, was seine Gesundheit von Jahr zu Jahr besserte. Er kam mit 75 Jahren noch gut in Form, wurde muskulös und
konnte jeden Tag 10 Meilen gehen, aufrecht wie ein Soldat, anstatt
gebückt wie früher, und erreichte wieder vollkommene Sehfähigkeit. Die Geschichte Prof. JACKSONS, der Professor an einer Hoch-
schule in Philadelphia war, ist deshalb besonders bemerkenswert,

weil er aus einer Familie stammte, in der das älteste Mitglied nur 43 Jahre alt wurde und alle an demselben Leiden dahinsiechten, von dem er selbst befallen war.

Geistesarbeiter sollten die Wirkung der Trenn-Kost mit Rücksicht auf ihr Studium und ihre Leistungsfähigkeit besonders beachten. Verbesserte Eßgewohnheiten sollte man nicht Diät, sondern ein zweckmäßiges oder naturgemäßes Essen nennen. An der Entsäuerung des Körpers nimmt auch das Gehirn teil. Die geistige Leistungsfähigkeit steigert sich, und auch der Charakter wird veredelt. Wenn sich nach längerem Fasten der Körper von seinen Schlacken befreit hat, wird der Geist so lebendig, daß die Gedanken glasklar werden und das Unterbewußtsein fast das Verborgene sehen kann. Einige der größten geistigen Taten sind bei längerem Fasten vollbracht worden, und ein hoher Grad geistiger Leistungsfähigkeit wurde nach dem Fasten für lange Zeit beobachtet. Sicherlich wissen wir wenig von unseren geistigen Fähigkeiten, ehe wir nicht das Gehirn mit einem reinen Blutstrom versorgt haben.

Die alten Philosophen Griechenlands lehrten ihre Schüler zuerst die reine Diät, und sie übten so strenge Enthaltsamkeit, daß daraus deutlich wird, welche Wichtigkeit sie diesen Maßnahmen für ihre Philosophie beigemessen haben. EPIKUR, SOKRATES, PLATO und andere legten viel Wert auf richtige Ernährung, ja sie betrachteten sie als Grundbedingung für ihre Philosophie, und sie erprobten, was sie predigten.

Wenn sich der Körper von den Schlacken gereinigt hat, mit denen er früher belastet war, so steigt der Geist zu einer Höhe und Reinheit, die vordem nie erreicht wurden, und neue Welten scheinen sich dem Glücklichen zu öffnen. Die meisten wertvollen Dinge des Lebens, die Dinge, die andere geistig erhoben haben, die als große Werte jahrhundertelang bestanden, wurden von Menschen vollbracht, die ihr Werk vor eitle Vergnügungen stellten. Man wird unter allen diesen Großen keinen Schwelger finden. Schwelgen und klares Denken vertragen sich nicht.

Essen sollte eine Wissenschaft sein, und zwar die wichtigste von allen. So viel hängt davon ab für Leistungsfähigkeit, Gesundheit, Glück, Vollendung, daß es zur frühzeitigen Gewöhnung genug sein sollte.

c) Die große Krankheit Amerikas

„Amerika hat eine große Krankheit", sagt HAY, und zwar nicht nur deshalb, weil sie nahezu überall verbreitet ist, sondern weil ihre

Auswirkungen gewaltig sind. Sie kostet Amerika mehr Geld als der Weltkrieg. Sie erzieht zur Unzufriedenheit und führt zu allen möglichen Krankheiten. Sie setzt die Tatkraft der Nation herab, stört persönliche und nationale Vorhaben aller Art und bleibt dennoch unerkannt, ungehindert, meist unbeachtet. Wäre dieser Zustand seuchenhaft, wäre er quarantänefähig, könnte man ihm mit Operationen oder Medikamenten begegnen, dann würden große Anstrengungen gemacht, um dieses Gespenst zu vertreiben. Dieses Gespenst ist die Müdigkeit des Einzelnen wie die der Gesamtheit.

Es gibt zwei Arten von Müdigkeit: die eine ist physiologischer, die andere pathologischer Art. Die eine ist das natürliche Ergebnis geistiger oder körperlicher Anstrengung, der Warnruf der Natur, daß der Körper genug Energie verbraucht hat und ruhen muß, die andere, pathologischer Art, ist eine Krankheit wie Blattern oder Tuberkulose. Sie rührt nicht von Anstrengungen her, denn wir spüren sie immer. Um zu beweisen, daß diese pathologische Müdigkeit Selbstvergiftung und heilbar ist, machte HAY mit 18 Männern im Alter von 28 bis 55 Jahren den Versuch, nur ihre Kost zu ordnen, beließ sie aber sonst bei ihren gewohnten Nahrungsmitteln. Als Standardprobe der Steigerung ihrer Leistungsfähigkeit wurden die Kniebeugen kontrolliert, das heißt die Zahl der Aufrichtungen aus der Hocke zum aufrechten Stehen. Voraussetzung war, daß die Versuchspersonen ihre Kniebeugen nur zu den Kontrollzeiten ausübten. Die 1. Woche der Kontrolle ergab eine Besserung ihrer Leistungsfähigkeit von 50 %, am Ende der 4. Woche von 165 %. Es wurde damit die unmittelbare Wirkung der Ordnung der Ernährung auf die Ausdauer bewiesen, denn zweifellos ist diese ungewöhnliche Kraftsteigerung nur mit der Selbstentgiftung des Körpers zu erklären.

Ein Teil der Männer behielt diese Eßgewohnheiten bei, wodurch sie sich durch Mehrleistungen an Arbeit geldlich verbesserten. Sie stellten fest, daß geordnetes Essen bessere Dividenden einbringt als irgendein Geschäft.

Geordnetes Essen bedeutet nämlich, über dem gewöhnlichen Lebensstandard stehen und sich der Lebensvorgänge erfreuen, wie es wenigen Sterblichen gegeben ist, und eine Stufe der Vervollkommnung erreichen, die unser Leben weit über das Niveau der Menge erhebt.

Wenn unsere medizinische Fakultät einmal diese Ernährung lehren würde, wäre das Höchste erreicht. Solange das Medizinstudium sich nur mit der Pathologie — dem Nachweis der Krankheit — befaßt, solange wird die Wissenschaft sich mehr mit den Symptomen als mit den Ursachen einer Krankheit befassen. Andernfalls würden viele teure diagnostische Apparate der Kliniken aufhören, von ausschlaggebender Bedeutung zu sein. Das Wichtigste ist aber, das Ausmaß der Anhäufung von Säurerückständen im Körper zu beachten und wie weit sich der Körper dadurch von der normalen Leistungsfähigkeit entfernte. Dann ist es für die asthmatischen und tuberkulösen Patienten nicht mehr nötig, höhere und trockenere klimatische Zonen aufzusuchen, denn ihre Wiedergenesung ist eine Frage sorgfältiger Entgiftung und einer Diätkorrektur, die die Bildung von Säureendprodukten begrenzt.

Die Umschulung auf diese Trenn-Kost müßte beim Kleinkind anfangen; ich habe manches Kind die Eßsitten seiner Eltern korrigieren sehen. Kalk, Silikate und Fluor fehlen im raffinierten Mehl und sind dabei so wichtig für die Zähne. Wenn viele nach Vollkorn- oder Grahambrot fragen und nichtdenaturierte Nahrungsmittel verlangen, werden sich Gaststätten und Nahrungsmittelgewerbe auf diese Geschmacksrichtung einstellen. Die Trennung der Speisen kann man sich zum Beispiel im Hotel nach diesen Regeln selbst zusammenstellen.

Ißt der Mensch nach den chemischen Gesetzen der Natur, braucht er keine Furcht vor Krankheit zu haben. Denn was ist Furcht anderes, sagt HAY, als Ursache und Ergebnis der Krankheit zugleich. Furcht kann alle Funktionen lähmen, und ebenso kann Krankheit Furcht erzeugen.

Furcht ist eine psychologische Krankheitsursache. Noch häufiger ist Furcht das Resultat der Krankheit, da Krankheit aller Art, ob leicht, ob schwer, Furcht vor ihren Folgen verursachen kann. Ein Arzt, der 42 Jahre den geringsten Einzelheiten seiner Patienten gelauscht hat, bezweifelt nicht mehr, daß die Gedanken über die Krankheit und die Abirrungen von der Gesundheit einen großen Raum in den Hirnen der Menschen einnehmen.

Die Furcht hängt wie ein Damoklesschwert über den Menschen, weil sie durch das Mißverständnis der Dinge erzeugt wird, denn was wir nicht verstehen, fürchten wir. Furcht kann die Wangen momentan erblassen lassen und das Haar über Nacht bleichen.

Ebenso kann beständige Furcht eine sich häufende, störende Wirkung auf alle Funktionen haben. Es ist wahr, wenn man sagt, daß das einzige, was man in der Welt zu fürchten habe, die Furcht sei; es ist aber leider nur allzu wahr, daß unsere Angst nicht unberechtigt ist, wenn wir an die tägliche Vergiftung unseres Körpers denken. Fürchte diesen Zustand wie die Angst selber! Er ist der Vater aller Krankheit.

Wieviel mehr kann ein Mensch leisten, der volles Vertrauen zu sich und seinen Fähigkeiten haben kann! In Furcht zu leben, heißt unter Hemmungen zu leben, die erst nach Beseitigung voll empfunden werden. Wir lernen körperlichen Schmerz ertragen, bis wir seine Anwesenheit fast vergessen; erst wenn wir von ihm erlöst sind, begreifen wir die Hemmungen, die er uns verursachte. Sind wir krank und müde, fürchten wir fast alles, was uns zu bedrohen scheint, und unsere Leistungsfähigkeit, Arbeitsfreude und Lebensfreude leiden darunter; denn wir sind dadurch ohne die Würze des Lebens. Haben wir aber normale Funktionen, dann ist das Leben freudig; wir sind unternehmenslustig, gewandt, treffen unsere Entschlüsse leicht und schnell und sind in der Lage, Lorbeeren zu ernten.

Die Heilung von Furcht liegt allein bei Dir und Deiner Lebensweise. Was schulden wir vor allem unseren Kindern, dem körperlichen Erbe, im Hinblick auf diese Tatsachen! Jeder Mann und jede Frau, die ohne eigene gute körperliche Grundlagen eine Familie zu gründen versuchen, fördern nicht die Entwicklung der nächsten Generation, sondern errichten ihren Kindern vielleicht ein Hindernis, das das ganze Leben hindurch die beste Lebenskraft fordern kann. Die Erbschaft einer ausgezeichneten körperlichen Widerstandskraft ist einem Kinde viel mehr wert als eine Millionenerbschaft. Unsere Erbanlage bestimmt weitgehend den Sitz unserer verschiedenen Krankheiten, doch unsere tatsächliche Erkrankung ist unsere eigene Angelegenheit.

Bestimmte Krankheiten kursieren als „Familienkrankheiten"; sie treffen hauptsächlich die weniger leistungsfähigen Organe. Ähnliche Eßgewohnheiten in der Familie sind aber ein Hauptfaktor für das Zustandekommen solcher leistungsunfähiger Organe. So verschieden unsere Krankheiten auch sein mögen, ererbt oder selbst erworben, so darf man nicht vergessen, daß sie im Grunde alle nur eine Ursache haben, die beseitigt werden muß, ehe wir den Rückweg zur Gesundheit antreten können. Wenn wir uns klar darüber werden, daß wir irgendwie, irgendwann einmal dafür zahlen müssen, weil wir die Naturgesetze verletzten, dann werden wir uns eher vor Übertretung hüten, denn Naturgesetze wirken sich unerbittlicher gegen den Übertreter aus, als es die meisten von den Menschen geschaffenen Gesetze vermögen. Es gibt da keine Ersatzstrafe durch Geldbuße, sondern jeder muß unweigerlich selbst die Strafe an seinem eigenen Körper abbüßen. Die Medizin im allgemeinen, wie die Chirurgie im besonderen, ist heute nichts anderes, als das Verriegeln der Stalltür, nachdem das Pferd gestohlen wurde. Ist es nicht richtiger, eine Krankheit wie das Stehlen des Pferdes zu verhindern?

Fortschreitende perniciöse Anämie, Asthma, Schrumpfniere, Zucker, Rheuma, Arthritis, Neuritis, Magen- oder Darmgeschwüre, jede Art von Verdauungsstörungen, Ekzeme, Psoriasis, Pityriasis, Kröpfe aller Art, Tumoren, Tuberkulose, alle diese verschiedenen Krankheitsformen fallen unter die Rubrik: chemische Gleichgewichtsstörung des Körpers, und alle sind heilbar. Das ist eine radikale Vereinfachung der Krankheitsbetrachtung und nimmt ihr alles Mysteriöse.

Septische Erkrankungen aller Art heilen gänzlich ohne Serum und sonstige Mittel durch einfache Entgiftung und Korrektur der Kost. Bei schweren Fällen von Blutvergiftung hilft der Gebrauch von *Magnesium sulfuricum* (3 gehäufte Teelöffel in $1/2$ Tasse Wasser auf nüchternen Magen, wenn nötig 3 oder mehrere Tage lang) und eine Diät mit Wasser und ungesüßtem Obstsaft. Dadurch fällt die Temperatur, der Appetit kehrt wieder, und der normale Zustand kann nach *2 bis 3* Tagen wieder hergestellt werden, sogar nach dem Gebrauch von Streptokokkenserum und Medikamenten, die ohne Regulierung der Diät und ohne Entgiftung zuvor von anderen Ärzten angewandt wurden. Fälle mit Temperaturen bis zu 40° mit Schüttelfrost und Delirien, Kollaps, Vermehrung der weißen Blutkörperchen zeigten nach *2 bis 3* Tagen normale Temperatur und sind schnell und ohne Folgen genesen.

Pneumonie, Erysipel, Typhus, Grippe, akute Arthritis, Colitis, Heufieber gehen alle vorüber, wenn der Körper richtig entgiftet und die Kost so verbessert ist, daß die überschüssige Säurebildung verhindert wird; denn jede Krankheit stellt den Endpunkt der Duldung gegenüber den Giften dar, und jede Krankheit ist das Mittel, durch das der Körper diese unerwünschten Giftmassen abzuladen versucht. Die akuten Fieberanfälle der kleinen Kinder vergehen meistens in einer Nacht, und die Kinder verlangen am nächsten Tag Nahrung. Bei Erwachsenen wird der Gebrauch von *3* Teelöffeln *Magnesium sulfuricum* gewöhnlich die Ausscheidung von Stuhlgang und Flüssigkeit zur Folge haben, und der durch die Austrocknung entstehende Durst ist für den Gebrauch von Fruchtsäften sehr günstig. Dadurch wird dem Körper wieder eine Alkalireserve geschaffen.

Viele Patienten mit Nephritis und Herzdekompensation, die vor Schwäche kaum fähig waren zu gehen, aber infolge Atemnot auch nicht liegen konnten, führten *3* Tage ab, legten sich flach hin, um zu schlafen, und gingen sogar mit Freude spazieren, all das ohne jede Nahrung. Ehe sie zur Behandlung kamen, waren mit allen möglichen Nahrungsmitteln Anstrengungen gemacht worden ihre „Kräfte" aufrechtzuerhalten, und dennoch waren sie trotz reichlicher Ernährung äußerst schwach, während sie nach dieser intensiven Entsäuerung sofort kräftiger wurden, und zwar ohne Nahrung.

Dies ist auch ein Beweis für die Richtigkeit des Vollfastens bei dafür angezeigten Fällen. Echte Angina pectoris, einerlei, ob sie von Herzmuskelentartung oder der Verstopfung der Kranzarterien herrührt, wird nach *3* Tagen intensiven Abführens und Fruchtsaftdiät im allgemeinen schmerzlos und nimmt einen so guten Verlauf, daß aktiver Sport wie Golf und sogar Tennis, betrieben werden kann, ohne daß irgendeine Erscheinung von Herzinsuffizienz zurückbleibt. Bei Magen- und Darmgeschwüren gibt man keine drastischen Abführmittel, sondern täglich Einläufe. Man beschränkt die Nahrung ganz auf Fruchtsäfte, bis die Schmerzen nachgelassen haben, um dann mit rein basischer Nahrung zu beginnen und einer kleinen Zutat Milch oder Buttermilch.

Der verstorbene Dr. SIPPY von Chicago, der lange Jahre Spezialist für Magen- und Darmgeschwüre in Chicago war, stellte vor einer medizinischen Gesellschaft fest, daß bei Magen- und Darmgeschwüren die Übersäuerung des Körpers durch zu große Produktion von Salzsäure im Magensaft eine große Rolle spielt und in solchem Falle die Entzündung hervorrufen kann.

109 Fälle von fortgeschrittener perniciöser Anämie oder dem Anfangsstadium wurden mit derselben einfachen Form der Entgiftung und Diät-Korrektur behandelt, ebenso Gelbsucht. Primäre oder fortgeschrittene Anämie ist eine Schwäche der blutbildenden Organe, während man bei einer sekundären Anämie die Zerstörung der roten Blutkörperchen einem inneren oder äußeren Giftstoff zuschreibt. Die Sekundäranämie verschwindet, wenn die Quelle der Zerstörung gefunden und in Ordnung gebracht wurde.

Der chronische Asthmatiker ist auch ein dankbarer Fall für die entgiftende Behandlung. Und jeder Fall von Colitis heilt, wenn in der beschriebenen Weise verfahren wird. Ebenso schützt eine solche Reinigung vor Erkältung aller Art. Solange wir nicht so mit einer aufbauenden Therapie behandeln, dürfen wir uns nicht wundern, wenn so viele Patienten den ärztlichen Rat ablehnen und andere Methoden versuchen.

Wollen wir uns noch eine Regel über den Sport merken: Jeder Sport bis zum Müdigkeitspunkt ist segensvoll. Sport bis zur Übermüdung schadet, weil er unseren Vergiftungszustand verschlimmert, indem er mehr Säurerückstände in einem Körper erzeugt, der mit diesen Substanzen bereits überladen ist. Wir brauchen Arbeit, Sport, Spiel und Ruhe; sie helfen alle, uns innerlich rein zu erhalten, um uns all dieser Dinge zu erfreuen. Die erfolgreichsten Systeme der Kräfte beruhen auf dem Grundsatz, durch allmählich gesteigerten Sport, der die Ermüdung verhindert, die Kräfte zu stählen, so wie Milo aus der griechischen Sage jeden Tag ein kleines Kalb um das Stadion von Athen getragen haben soll. Mit dem Wachsen des Kalbes wuchs auch Milos Fähigkeit, es zu tragen, und als es schon ein Bulle war, konnte er es noch um das Stadion tragen.

Wer zu seinem Sport Gewicht benötigt, richte immer seine Leistung auf die Hälfte oder nicht mehr als dreiviertel seiner gegenwärtigen Fähigkeit ein. Dadurch werden seine Kräfte und Ausdauer erhöht. Die Natur hat keine Günstlinge. Sie behandelt ihre Kinder alle gleich. Der Unterschied im Befinden ist selbstverschuldeter Art. Auf jeden Fall sind wir verloren, wenn wir an unsere Niederlage glauben; wir sind denen im Wege, die unsere Plätze besser ausfüllen können, und wir würden gut daran tun, diese Tatsache als eigene Schuld auf uns zu nehmen, das Beste aus einer schlechten Erbschaft zu machen und um weitere Besserung zu kämpfen.

Niemand kann für uns essen, niemand für uns verdauen, niemand kann unsere Nahrung aufnehmen, assimilieren und verwandeln, den Abfall ausscheiden, außer wir selbst; darum liegt die tägliche Körpererneuerung an uns und an niemand sonst in der Welt.

Sie ist also eine von uns kontrollierbare Sache, und niemand außer uns ist schuldig, wenn wir uns nicht wohl fühlen. Wenn Körper und Geist in Übereinstimmung leben, dann ist dies die einzige Möglichkeit, seelischer Entwicklung.

Wenn es dem Leser möglich war, seine Gedanken von dem Althergebrachten loszulösen, und wenn er die Lehre von der Regenerierung verstand, dann ist er auch in der Lage, die Lehren dieser Schrift selbst anzuwenden.

Benjamin FRANKLIN sagte einst, daß nur 1 % der Menschheit fähig sei, selbständig und richtig zu denken. Aber vielleicht wird ein weiterer Prozentsatz zum Überlegen angeregt, und dann mag damit diese kleine Schrift ihren Zweck erfüllt haben.

Die Ernährung nach Hay

(Die Haysche Trenn-Kost)

HAY stellt den Begriff der Übersäuerung in den Vordergrund seiner „Erkenntnisse der Chemie des Körpers". Er gibt 4 Hauptgründe für diese Übersäuerung an, die zur Krankheitsanfälligkeit führt:

1. die Verwendung von unnatürlichen Nahrungsmitteln,
2. die Verwendung zu großer Mengen von konzentriertem Eiweiß und Stärkemehl,
3. die verzögerte Verdauung,
4. die falsche Zusammensetzung der Nahrungsmittel.

Zu 1. Unnatürliche Nahrungsmittel sind zum Beispiel sterilisierte, raffinierte Nahrungsmittel, wie Weißmehl, weißer Zucker, Weißbrot, Weißmehlnudeln, polierter Reis.

Der Arzt STINER ernährte Meerschweinchen mit ihrer gewohnten Nahrung (Heu, Karotten, Hafer, Wasser), die er jedoch kochte. Es stellten sich schwere Erkrankungen mit tödlichem Ausgang ein: Skorbut, Kropf, Blutarmut, Zahnfäule, Weichwerden der Zähne, so daß man sie mit der Schere abschneiden konnte, Verbiegungen des Kiefers, Entartungen der Speicheldrüsen, ein Teil bekam Lungenkrebs. Bei gekochter Nahrung gingen auch Affen an schwerem Siechtum zugrunde. 30 % der Versuchstiere starben an Magen- und Zwölffingerdarmgeschwüren. Füttert man Ratten mit Weißmehl und Wasser, so gehen sie in kurzer Zeit ein, füttert man sie aber mit Vollkornmehl und Wasser, so gedeihen sie und bleiben am Leben.

Wenn man nicht das ganze Getreidekorn verwendet, sondern die Kleie dem Vieh verfüttert und fast nur Weißmehl oder geschälten Reis ißt, treten schwere Gesundheitsschäden auf. In Asien sterben an der Beriberikrankheit Hunderttausende von Menschen. Der Ostasiate ißt vornehmlich Reis. Wenn das Silberhäutchen und mit ihm das Vitamin B weggeworfen wird, führt das zur Krankheit mit Verdauungsstörungen, Nervenschmerzen, zunehmender Schwäche, Lähmung, bei feuchter Form durch Wassersucht zu langsamem Siechtum und zum Tode.

Zu 2. Die Verwendung von zuviel Eiweiß und Kohlehydraten widerspricht der chemischen Zusammensetzung der Körpersäfte. 80 % des menschlichen Körpers bestehen aus basenbildenden,

20 % aus säurebildenden Elementen. Soll das für die Gesundheit der Körperzellen und Säfte notwendige Gleichgewicht hergestellt werden, so muß das tägliche Nahrungsverhältnis ungefähr wie folgt sein:

80 % Basenbildner,
20 % Säurebildner.

Basenbildner sind Obst und Gemüse. Man sollte davon den größten Teil in roher Form genießen, da nur so dem Körper die nötigen Schutzstoffe zugute kommen. Der Sättigungswert ist auch größer. Genießt man nur Gekochtes, so wird das Nahrungsbedürfnis immer größer, weil durch die Zerstörung des dem Körper wertvollen Baumaterials die Herbeischaffung von immer neuem vom Körper gefordert wird. Ständiges Hungergefühl ist vorhanden, der Mensch wird zum Vielfraß. Es genügen ihm zum Leben nicht *3* Mahlzeiten, sondern er braucht 6 am Tage.

Zuviel Eiweiß führt zur Bildung von Harnsäure, die sich im Körper in den Gelenken und geschädigten oder allergisch sensibilisierten Geweben ablädt und zu Rheuma und Gicht führen kann. Der Körper braucht an Eiweißstoffen nur so viel, daß er die täglich „sterbenden" Zellen wieder neu aufbauen kann. Das zuviel zugeführte Eiweiß belastet also unnötig die Verdauung.

Wenn man konzentrierte Stärkemehle ißt, also Brot, so besteht ein großer Unterschied, ob man Weißbrot oder Vollkornbrot verzehrt. Vom Weißbrot braucht man die *5*- bis 10fache Menge, um satt zu werden, während man beim Genuß von Vollkornbrot (Vollkorn muß mehr und intensiver gekaut werden) nur wenig braucht und der Körper außerdem alle Schutzstoffe des gesamten Getreidekorns zugeführt erhält. Die K o h l e h y d r a t e s i n d d i e B e t r i e b s - s t o f f e des Körpers, das Holz des Ofens. Auch ein Zuviel kann das Feuer ausgehen lassen. Nur wer viel körperlich arbeitet, braucht mehr Brennstoffe, also auch mehr Kohlehydrate.

Zu 3. Die normale Verdauung dauert 24 Stunden, die verzögerte bis zu 72 Stunden. Wenn alle den Darm anregenden Stoffe, wie rohes Gemüse und Vollkornprodukte, in der Nahrung fehlen, braucht sich der Darm nicht zu bemühen, weil der zarte Verdauungsbrei ihn nicht stört, er wird träge, der Speisebrei liegt viel länger in den Darmnischen und kommt zum Gären.

Zu 4. Die allgemein übliche Ernährung widerspricht durch ihre Mischung von Eiweiß und Kohlehydraten bei einer Mahlzeit der Chemie des Körpers und verwirrt die Verdauung. Eiweiß und saure Früchte verlangen zur Verdauung Säurelösung, Stärke und Zucker Basenlösung. Eiweiß und Kohlehydrate sollten deshalb nie zusammen bei einer Mahlzeit genossen werden. Saures Aufstoßen und Völlegefühl nach Mahlzeiten, die diese Trennung nicht berücksichtigen, sind die Folge. Die Verdauung der Stärke beginnt bereits im Mund durch Ptyalin des Speichels. Die Verdauung der Eiweißstoffe beginnt im Magen durch Pepsin auf Säuregrundlage. Der Magen kann nicht zur gleichen Zeit die Verdauung basen- und säurebildend betreiben (vgl. S. 17). Ißt man Eiweiß und Kohlehydrate zusammen, so erfolgt stets eine ungenügende Verdauung der Stärkemehle, die dann im Darm durch Wärme und Feuchtigkeit gären. Eiweiß und Kohlehydrate dürfen deshalb bei einer Mahlzeit nicht zusammen gegessen werden. Man ißt das Eiweiß mit Gemüsen mittags und das Stärkemehl mit Gemüsen abends. Diese Methode HAYS wurde von mir in der „Münchener Medizinischen Wochenschrift" 1951, S. 40, veröffentlicht.

An Tausenden von Patienten fand HAY die Richtigkeit der Gedankengänge bestätigt. Er selbst gesundete durch die Anwendung dieser Gesetze.

Aus der folgenden Tabelle (REIN-STEPP) erkennt man, daß die Natur die konzentrierten Nahrungsmittel wie Eiweiß und Kohlehydrate charakteristisch für ihre Gruppe geschaffen hat, also entweder als Eiweiß- oder vorwiegend als Kohlehydrat-Nahrung. In diesem Sinne hat HAY eine Trennung der Nahrungsmittel vorgenommen, und die nach S. 32 beigefügte Tabelle gibt die nach HAY vorzunehmende Trennung der Nahrungsmittel an. Diese Tabelle dient als Grundlage für die nachfolgenden Speisezettel und Kochrezepte.

Zwar enthalten viele Nahrungsmittel, wie aus der REIN-STEPPschen Tabelle (S. 33/34) hervorgeht, Eiweiß und Kohlehydrate.

Fleisch enthält keine Spur Kohlehydrate, Getreide vorwiegend Kohlehydrate. HAY hat in seiner Tabelle die Nahrungsmittel danach eingeteilt, was sie vorwiegend enthalten, und ist so zu der Trennung der extrem konzentrierten Nahrungsmittel gekommen.

Er steht auf dem Standpunkt, daß man bei einer Trennung von Eiweiß und Kohlehydraten innerhalb einer Mahlzeit immer noch
mehr erreicht als bei einer Mischung derselben. Wer trennt, hat bis
zum Abend die gleichen Nahrungsmittel gegessen, wie der Misch-
Köstler. Er ist also auch in diesem Sinne keineswegs zu kurz gekommen.

Zusammensetzung der Nahrungsmittel*)

(Chemie der Nahrungsmittel nach REIN-STEPP)

Lebensmittel:	100 g des Lebensmittels enthalten in Gramm			
	Eiweiß	Fett	Kohlehydrate	Asche (Mineralien)

Fleisch:

Büchsenfleisch, fett	25	19	Spur	3,7
Gänsefleisch, fett	14	44	Spur	0,7
Hühnerfleisch, fett	19	9	Spur	0,9
Kalbfleisch, fett	19	11	Spur	1,0
Rindfleisch, mager	21	4	Spur	1,1
Schweinefleisch, fett	16	34	Spur	0,8
Schinken	25	36	Spur	10,5
Blutwurst	14	32	Spur	2,7
Mettwurst	19	41	Spur	4,8
Hartwurst	28	48	Spur	6,7

Fische:

Aal	12	28	—	0,9
Kabeljau	16	0,3	—	1,3
Hecht	18	0,4	—	1,2
Hering	20	17	—	14

Eier und Milch:

Eier	14	11	0,6	0,9
Milch	3,4	3,4	4,7	0,75
Rahm	3,4	10	4,7	0,75
Buttermilch	3,4	0,5	4,7	0,7
Butter	0,8	84,5	0,5	0,2
Fettkäse	26	30	2,1	4,6
Magerkäse	38	2	3,0	4,4

Brot- und Mehlerzeugnisse:

Roggenbrot	6,0	0,8	54	1,2
Vollkornbrot	7,8	1,1	46	1,5
Haferflocken	14	6,7	65	1,9
Nudeln	14	2,4	69	0,8
Reis	8	0,5	77	0,8
Weizenmehl	11,8	1,5	71	0,6

---

*) Bei manchen Nahrungsmitteln mußten bei ihrer Einteilung in der Hayschen Tabelle aufgrund ihrer natürlichen Zusammensetzung Kompromisse geschlossen werden. Sie erfolgten nach Maßgabe der Verdaulichkeit.

Lebensmittel:	100 g des Lebensmittels enthalten in Gramm			
	Eiweiß	Fett	Kohlehydrate	Asche (Mineralien)

Gemüse:

Blumenkohl	2,5	—	4	0,8
Grüne Bohnen	3	—	6	0,7
Champignons	5	0,2	3	0,8
Grünkohl	5	0,9	10	1,6
Gurken, ungeschält	0,6	—	1	0,5
Karotten	1,0	—	9	0,7
Kartoffeln	2,1	0,1	21	1,1
Kohlrabi	2,5	Spur	6	1,0
Kohlrüben	1	Spur	7	0,7
Radieschen	1	Spur	4	0,7
Schwarzwurzeln	1	Spur	15	1,0
Spargel, geschält	2	Spur	2	0,5
Spinat	2	Spur	2	1,9
Steinpilze, frisch	5	0,4	4	1,0
Tomaten	1	Spur	4	0,6

Leguminosen:

Bohnen, Kerne	26	2	47	3
Erbsen, getrocknet	23	2	52	3
Linsen	26	2	53	3
Sojamehl, entfettet	50	0,3	26	6

Sonstiges:

Honig	0,3	—	80	0,3
Schokolade	7	22	65	1,7
Kakaopulver	22—28	33 u. mehr		5,3
Mandeln, süß	21	53	14	2,3
Milei, gelb	32	0,9	52,3	6,3

Früchte:

Äpfel, frisch	0,4	—	14	0,4
Äpfel, getrocknet	1	Spur	60	1,6
Apfelsinen, ohne Schale	0,8	—	14	0,5
Bananen, ohne Schale	1	—	23	0,9
Datteln, getrocknet	1,9	0,6	73,3	1,8
Erdbeeren	1	—	9	0,7
Erdnüsse, ohne Schale	27,5	44,5	15,6	2,5
Haselnüsse, lufttrocken	17	63	7	2,5
Pflaumen	0,8	—	17	0,5
Himbeeren	1	—	8	0,6

Faustregeln zur Hayschen Trenn-Kost

Verwende so wenig wie möglich Eiweiß- und Stärkeprodukte, verwende viel Obst und Gemüse! Mehr als 60 bis 100 g Fleisch oder andere Eiweißprodukte und mehr als 30 bis 60 g Fett sind unnötig.

Verwende nur e i n e Eiweißart zu einer Mahlzeit, also entweder Fleisch o d e r Fisch. Verwende nur e i n e Stärkemehlart zu einer Mahlzeit, also Kartoffeln o d e r Brot oder andere Mehlprodukte.

Ein Beweis dafür, daß man Eiweiß und Stärkemehl zusammen schlecht verträgt und verdaut, sind die Hülsenfrüchte. Sie sind in der Tabelle sowohl unter Stärke als auch unter Eiweiß angeführt, ihre schwere Verdaulichkeit ist allgemein bekannt. Sie sind daher fast aus jeder Diät gestrichen.

Vermeide in der Pfanne gebratene Nahrung!

Die Nahrungsmittel, die in der Mitte der Tabelle aufgeführt sind, gelten als neutral, das heißt, man kann sie zu jeder Mahlzeit verwenden, die aus Eiweiß oder aus Kohlehydraten besteht.

I n d e r T r e n n u n g v o n E i w e i ß u n d K o h l e h y d r a t e n l i e g t d e r K e r n p u n k t d i e s e r n e u e n E r n ä h r u n g.

Um die Mahlzeit sättigend zu gestalten, verwendet man mittags und abends viel rohes und gekochtes Gemüse. Die Morgenmahlzeit soll aus Milch, Obst und Leinsamen bestehen, und zwar jedem Obst außer Bananen, Datteln, Feigen. Man verwendet auch hier nur ähnliche Sorten, zum Beispiel Apfelsinen mit Mandarinen zusammen. Beeren passen zu allen Früchten. Milch und Obst kann morgens durch ein Müsli ersetzt werden. Es sättigt mehr und hat auch mehr Kalorien.

Das Rezept ist folgendes: 1 Eßl. Magerquark, etwas heiße Milch, 1 geriebener Apfel, 1 Eßl. Öl, 1 Teel. Weizenkleie und 1 Teel. Weizenkeime.

Der Leinsamen soll biologisch einwandfrei sein und wird besser zu jeder Mahlzeit frisch geschrotet; wir empfehlen der hohen Qualität halber die Sonderzuchtleinsaat Linusit. Linusit ist im Reformhaus erhältlich, oder Linomel.

Milch kann man in jeder Form verwenden. Als Dickmilch und Buttermilch ist sie aber vielen bekömmlicher. Süße Milch speichle man teelöffelweise ein.

Die Tagesverteilung der Eiweiß- und Stärkemahlzeiten richtet sich nach der Art der Arbeit, die der Betreffende leistet.

Für Kinder und körperlich schwer Arbeitende rechnet man mehr konzentrierte Mahlzeiten als für Menschen mit sitzender Lebensweise.

Der Mehrverbrauch an Kräften bei Kindern und körperlich Arbeitenden soll nicht durch mehr Eiweiß, sondern durch mehr Stärkemehl ersetzt werden.

Man kann deshalb bei Schwerarbeitern die Milchmahlzeit morgens durch Brot, Butter, Quark, gebratenen Speck, Tomaten und rohe Gurkenscheiben ersetzen.

Zwischen den einzelnen Mahlzeiten läßt man am besten 4 Stunden Zeit, es sei denn, daß zum Beispiel bei Kindern der Hunger früher eintritt.

Basenmahlzeiten

sind dasselbe wie basenbildende Mahlzeiten. HAY versteht darunter saures Obst, das zunächst eine Säureverdauung braucht und erst im Körper nach 20′ des Ausatmens basisch wird.
Basenbildende Mahlzeiten sind:
     saures Obst mit Milch,
     saures Obst mit Milch und Gemüsen
     in roher und gekochter Form.
Es sind alle Gemüse gemeint, die rechts in der Tabelle aufgeführt sind.

Diese Basenmahlzeiten verwendet man zum Entsäuern des Körpers, ehe mit der eigentlichen Trenn-Kost begonnen wird, aber vor allem zum Heilen von schweren Krankheiten. Die Behandlung innerer Krankheiten, deren Ursprung in der Übersäuerung begründet liegt, muß durch eine Obstdiät oder eine dreiwöchige Basendiät eingeleitet werden. Man gibt dann, aber wegen der Darmpflege besser unter ärztlicher Aufsicht,
   in der 1. Woche:
     morgens Obst und Milch, mit Leinsamen,
     mittags Salat und Gemüse, roh und gekocht,
     mit etwas Butter, evtl. Milch,
     abends Obst und Milch,
     täglich 2 bis 3 Klistiere mit 1 Liter lauwarmem Wasser, dem
     man 1 Teelöffel Kochsalz zusetzt,
   in der 2. Woche:
     dasselbe wie in der 1. Woche, also Obst, frisch gemahlenen
     Leinsamen und Milch morgens; mittags, Salat und Gemüse,
     nur kann man ein bis zwei Sorten Gemüse mehr essen;

abends Obst, Milch und Leinsamen, Milch und Leinsamen kann man auch aufkochen. Oder man kocht ihn mit Wasser auf und gibt dann Milch zu diesem Schleim.

in der 3. Woche:

dasselbe wie in der 2. Woche. Besteht eine große Lust nach Fleisch, so kann man etwas ausgelassenen Speck hinzufügen.

Zur Basennahrung gehören nur Gemüse, Milch und Obst. Winterkohl und Kartoffeln sind keine Basenmahlzeiten.

Um festzustellen, ob die Entsäuerung des Körpers erreicht wurde, prüft man den Urin mit Lackmuspapier. Wird blaues Lackmuspapier tiefblau („Basen bläuen"), so ist dies der Beweis, daß der Urin entsäuert ist. Färbt sich blaues Lackmuspapier hingegen rot, so ist dies der Beweis für Säure im Urin und im Körper. Bei basischem Urin ist das Gewebe sauer — so wie es sein soll — nach den derzeitigen wissenschaftlichen Ergebnissen. HAY war also seiner Zeit in seinen Erkenntnissen weit voraus.

Beim Heilen chronischer Nierenerkrankungen kann erst dann eine Besserung eintreten, wenn der Urin basisch reagiert, also das Lackmuspapier tiefblau erscheint. Ich möchte aber raten, e i n e d r e i w ö c h i g e B a s e n k u r n i c h t z u H a u s e d u r c h z u f ü h - r e n, da die Kranken über zu wenig Erfahrung verfügen und zu wenig dabei ruhen. In unserer Klinik verzichten wir auf die Durchführung der dreiwöchigen Basenkost, da uns andere Mittel zur Verfügung stehen, um das gleiche Ziel zu erreichen. Wir haben persönlich festgestellt, daß bei Einhaltung der Trenn-Kost der Harn meist nach einem Jahr basisch reagiert. Es ist deshalb überflüssig, den Harn vorher laufend zu prüfen und sich zu beunruhigen. Um der Hausfrau die Zusammenstellung der Trenn-Kost zu erleichtern, gebe ich im folgenden einige bewährte Rezepte. Sie stellen das Grundgerippe dar. Den Faustregeln gemäß, kann jeder beliebig variieren.

Eiweißmahlzeiten

Zu diesen genießt man keinerlei Mehlspeisen, Kartoffeln oder Brot. V o r jeder Mahlzeit nimmt man am besten das R o h g e m ü - s e (Salate), ebenso Obst. Man muß möglichst nur saftige Sorten verwenden.

Zu Fleischspeisen passen gekochte Tomaten, zu Stärkemehlspeisen nicht. Man kann also zu Fleischspeisen sehr gut Tomatensuppe essen, die man mit Eiweißflocken etwas bindet.

Wir wiederholen:

Trenn-Kost heißt Trennung von

Kohlehydrat und **Eiweiß**
(innerhalb einer Mahlzeit)

Getreide	Eier
Brot	Fleisch
Nudeln	Fisch
Reis	Käse (unter 60 % Fettgehalt)
Kartoffeln	Milch
Grünkohl	Sojamehl
Bananen	
Zucker	
Datteln	**Saures Obst**
Feigen	Äpfel
Honig	Trauben
Rübensirup	Birnen usw. (vgl. Tabelle)

Eiweißmahlzeiten: Dazu verwendet man nur eine Eiweißart, also entweder Fleisch oder Fisch oder Eier. Dazu genießt man aber keinerlei Mehlspeisen, Kartoffeln, Brot oder andere Kohlehydrate.

Kohlehydratmahlzeiten: Hierbei wird auch nur eine Stärkemehlart verwendet, also entweder Kartoffeln oder Brot oder Reis. Man genießt dazu auch keinerlei Eiweiß oder saures Obst.

Fette, Salate, Gemüse, Kräuter, Nüsse, Heidelbeeren und **Rosinen** (s. Tabelle) sind neutral und können sowohl zu den Eiweiß- wie zu den Kohlehydratmahlzeiten genossen werden.
Gekochte Tomaten passen zu Fleisch oder Fischspeisen, zu Stärkemahlzeiten nicht.

Salate zu Eiweißmahlzeiten richte man mit Kräutern und mit Öl und Zitrone an, evtl. noch mit Buttermilch.

Salate zu Stärkemahlzeiten richte man mit Öl und Kräutern aber ohne Zitrone an*), und evtl. mit Buttermilch. Sie ist neutral, kann also auch zu den Kohlehydratmahlzeiten getrunken werden.

Der Hauptbestandteil der Nahrung sei lacto-vegetabil. Fleisch und Fett sind Zugaben.

Milch ist in jeder Form verwendbar. Man trinkt sie so, daß sie durchspeichelt wird. Milch mit saurem Obst und Gemüse (roh oder gekocht) schwemmt Giftstoffe aus (Morgenmahlzeit). Gallenkranke sollten statt Milch Kefir vorziehen. Saure Milch ist leichter verdaulich.

Merke: Langsam essen, gut kauen, Pausen von 3 bis 4 Stunden zwischen den Mahlzeiten einhalten, damit der Verdauungskanal seine selbstreinigende Kraft auch entfalten kann! B r o t und Q u a r k , K a r t o f f e l n und Q u a r k , B r o t oder K a r t o f f e l n können zusammen gegessen werden. Zu Brot passen alle D o p p e l r a h m k ä s e s o r t e n **). Mit Quark kann diese Ausnahme gemacht werden, da er leicht zu verdauen ist. Blutwurst enthält mehr Fett als Eiweiß und wird leichter als andere Wurst vertragen. Man hat mit Quark, Doppelrahmkäse und Blutwurst eine schöne Angleichung an alte Eßgewohnheiten. **Besonders empfindliche Patienten müssen aber auch auf diese Angleichung verzichten. Es ist zu raten, den Genuß von Schweinefleisch und Schweinefett zu unterlassen** und Diäsan, Sonnenblumenöl, Dr. Grandels Keimöl und Leinöl den Vorzug zu geben. Quark mit Leinöl zum Beispiel ist eine Bereicherung der Abendmahlzeit***).

M a n   w ü r z t : Rindfleisch mit Thymian,
                Kalbfleisch mit Salbei,
                Schweinefleisch mit Rosmarin,
                Tomatensuppe mit Basilicum, etwas Salbei, Knoblauch

---

*) Am besten macht man die Marinade für den Salat wie folgt: Etwas Milch, und Büchsenmilch, Öl, Salatgrün und Zwiebeln und würzt mit Sojasauce. Dann kann man restliche Marinade zu der abendlichen Kohlehydratmahlzeit verwenden.

**) Doppelrahmkäsesorten ab 60 % F. i. T. sind zum Beispiel Gervais, Buko, Philadelphia.

***) Naturbelassene Öle und Fette sind in Reformhäusern oder Drogerien erhältlich, ebenso Leinsamen.

(1 Zehe durch die Knoblauchpresse), Rahm, Petersilie, Zwiebeln.
Alle Fleischarten schmecken besonders gut mit etwas Knoblauch, aber stets nur durch die Knoblauchpresse.

M a n i ß t also morgens zum Beispiel Obst und Milch. Soviel Obst, daß man satt wird, und Milch oder das Müsli auf S. 36 oder soviel man verträgt. Z u r M i l c h s t e t s L e i n s a - m e n! Dann sättigt diese Mahlzeit auch.
Mittags ißt man eine Eiweißmahlzeit, zum Beispiel Obst, rohe Karotten mit geriebenen Äpfeln, Salat und Schnitzel (unpaniert);
abends: rohe Tomaten, Gurken oder Blattsalat ohne Zitrone, Brot mit Doppelrahmkäse zu Tee.
Es hat sich für besondere Fälle bewährt, statt Milch Buttermilch zu trinken und zu den Fleischmahlzeiten saure Gurken oder angesäuerte Salate zu essen. Die Buttermilch darf natürlich keinerlei künstliche Zusätze oder Veränderungen erfahren haben. In die Morgenmilch Leinsamen zu nehmen, ist für die Verdauung günstig. Das ist besonders wichtig für Magen- und Gallenkranke, aber auch zur Vorbeugung für Gesunde.

Beispiel einer durchschnittlichen Tagesverpflegung

M o r g e n s :
1 Müsli wie S. 36 und 1 Glas frischer Fruchtsaft und 1 Tasse Tee
oder: Obst, Milch und gemahlenen Leinsamen
oder (für körperlich Arbeitende und Kinder):
1 Glas Gemüsesaft
Kaffee, Brot, Butter, Honig,
und zwar 80 % Gemüsesaft, 20 % Kohlehydrate,
oder: 1 Müsli mit mehr Quark und Obst, und evtl. Rosinen, Weizenkeime und Weizenkleie, Milch und Öl.

M i t t a g s :
Obst oder Frucht- oder Gemüsesaft
Gemüsesuppe
20 % Fisch oder Fleisch oder Eier (nicht roh)
80 % rohes und gekochtes Gemüse

A b e n d s :
80 % Rohgemüse oder Salat
20 % Pellkartoffeln
oder Brot
oder Auflauf aus Vollreis oder Vollkornnudeln
als Beilage Blutwurst oder Quark (ggf. mit Leinöl oder Keimöl).
Als Nachspeise: Feigen, Datteln, Nüsse oder Bananen.

Der Ernährungsforscher RAGNAR BERG betont ebenso wie HAY
die Wichtigkeit der 80 % Basenkost und 20 % konzentrierter Nahrung.

Speisezettel und Kochrezepte

Die Trenn-Kost ist im Grunde sehr einfach, wenn man die Faustregeln (S. 36) berücksichtigt.

Vorschläge für die vegetarische Küche

Montag:
1. roher Sauerkrautsalat
2. Kartoffelbrei mit Wasser und Rahm
3. Zwiebel mit zerlassener Butter od. Becel

Dienstag:
1. Rohgemüse
2. Vollkornreis mit Paprikaschoten
3. gebackene Bananen mit Cognac flambiert

Mittwoch:
1. Rohgemüse
2. Vollkornnudelauflauf
3. Heidelbeeren mit Rahm

Donnerstag:
1. Salat
2. Quarkküchelchen

Freitag:
1. Rohgemüse
2. Vollweizenauflauf mit Gemüse

Samstag:
1. Rohgemüse
2. Kartoffelsuppe mit Blutwurst
3. Bananes flambées, s. o.

Sonntag:
1. Obstsalat
2. Selleriesalat
3. im eigenen Saft gedünsteter Fisch.

1 bis 2 Fischmahlzeiten pro Woche sind den Vegetariern zu empfehlen, da sie meist an einem Eiweißmangel leiden.

Rezepte zu Aufläufen

Man kocht zuerst Bohnen, Kartoffeln oder Blumenkohl in Wasser ab. In diesem Abbrühwasser kocht man dann das Getreide oder den Vollreis oder die Nudeln gar.

Dann gibt man z. B. eine Lage Gemüse und eine Lage Vollkorngetreide abwechselnd in die Auflaufform. Obenauf setzt man Flocken aus Kräuterdoppelrahmkäse und überbackt hellbraun in der Röhre.

Vegetarische Rezepte sind ferner den Kohlehydratmahlzeiten von Seite 58 bis 70 und den Rohkostverbindungen auf Seite 71 zu entnehmen.

Vorschläge für eine Gemeinschaftsküche

Montag:
1. Rohgemüse
2. Weißkrauteintopf (gehobeltes Kraut mit gehacktem Fleisch oder zuvor angebratenem Hammelfleisch)
   Obst

Dienstag:
1. Rohgemüse
2. Bohneneintopf (frische Bohnen oder milchsaure Topfbohnen) mit Kartoffeln und rohem Schinken od. rohe Wurst

Mittwoch:
1. Rohgemüse
2. Rotkraut mit Äpfeln

3. Frikadellen
   (an Stelle von Brötchen Tomaten oder passierte gekochte
   Karotten und Knoblauch und Zwiebeln hinzufügen).

Donnerstag:
   1. Sauerkrautsalat, roh
   2. Kartoffelbrei (mit Wasser und Rahm)
   3. Blutwurst

Freitag:
   1. Salat
   2. gebackene Apfelscheiben
      oder Selleriesalat
   3. Fisch, im eigenen Saft gedünstet

Samstag:
   1. Rohgemüse
   2. Gemüsesuppe mit Reiseinlage
   3. Reisspeise als Nachspeise
oder:
   1. Rohgemüse
   2. Grünkohl mit Pellkartoffeln
   3. Quark od. Quarkspeise mit Bananen
oder:
   1. Rohgemüse
   2. Erdkohlrabi mit Kartoffelbrei
   3. Speck

I. Eiweißmahlzeiten

Zu diesen genießt man keine Mehlspeisen, Kartoffeln, Reis oder
Brot, sondern Gemüse und saures Obst.

a) Fische aller Art und Zuspeisen

1   Obst
        Salat, Rohgemüse
      Fischfilet (unpaniert)

2
Feldsalat
Italienischer Salat (S. 53, Nr. 8)

3
Obst
Möhrengemüse, Salat, Rohgemüse
Fisch mit Mayonnaise

4
Obst
Löwenzahnsalat, Lauchstangen
Fisch in Tomatensauce (ohne Mehl)

5
Obst
Rohgemüse, Spargel mit Butter
Fischrouladen

6
Obst
Tomatensuppe
Zwiebelgemüse, Rohgemüse
Fisch im eigenen Saft

7
Obst
Endivien-Tomaten-Salat, Rohgemüse
Forellen mit Butter

8
Obst
Rohgemüse, grüner Salat
Rheinlachs mit Mayonnaise

9
Obst
Rohgemüse, Bohnengemüse
Felchen mit Butter

b) Fleisch und Zuspeisen

1
Obst
Rohgemüse
Roastbeef, garniert mit
Möhren, Lauch, Sellerie

2
Obst
Rohgemüse
Gemüseeintopf und Rindfleisch
ohne Kartoffeln

3
Obst
Rohgemüse
Spargel, Salat
Schinken

4
Obst
Rohgemüse
Lenden, garniert mit
Rosenkohl, Blumenkohlrosen, gebacken

5
Obst
Rohgemüse
Tomaten- und Gurkengemüse
Deutsches Beefsteak

6
Obst
Rohgemüse
Spargel mit Butter
Kalbsnierenbraten

7
Rohgemüse
Kalbsschnitzel
Apfelringe, gedünstet

8
Obst
Rohgemüse
Wachsbohnengemüse
Leber, gedünstet
gebackene od. gedünstete Apfelscheiben

9
Obst
Rohgemüse
Italienischer Salat
(S. 53, Nr. 8)

10
Obstsalat
Rohgemüse
Zwiebelfleisch (S. 52, Nr. 1)
Blumenkohl

11
Obst
Rohgemüse
gedünstete Tomaten
Tartarenbeefsteak (S. 52, Nr. 2)

12
Obst
Rohgemüse
roher Sauerkrautsalat
Kalbsbrust, mit Äpfeln gefüllt

13
Obstsalat
Rohgemüse
Kohlrabiegemüse
Kalbskotelett (nicht paniert)

14
Obst
Rohgemüse
Selleriegemüse
Rinderbraten

15
Obst
Rohgemüse
Salat, Zwiebelgemüse
saure Nieren

16
Obstsalat
Rohgemüse
Mangold
Rindswurst

17
Obstsalat
Rohgemüse
Weißkrautgemüse mit Kümmel
Hammelkeule

18
Obst
Rohgemüse
Wirsinggemüse
Lammkeule

19
Obst
Rohgemüse
Irish-Stew mit Hammelfleisch

20
Obst
Rohgemüse
Weißkraut-Salat
Hammelkotelett

21
Obstsalat
Rohgemüse
Möhrengemüse
gebackenes Hähnchen

22
Obst
Rohgemüse
rohes Sauerkraut
Hirschbraten

23
Obst
Rohgemüse
Rotkraut mit Äpfeln
Wildschweinbraten

24
Obstsalat
Rohgemüse
Salat, Blumenkohl mit Butter
Fasan

25
Obst
Rohgemüse
Gänsebraten
(die Soße mit Sellerie dicken,
den Braten mit Äpfeln füllen
oder mit Hackfleisch und Äpfeln)

26   Obst
                     Rohgemüse
               Salat, Blumenkohl
                    Tauben

27   Obst
                     Rohgemüse
               Rehkeule, garniert

28   Obstsalat
                     Rohgemüse
             Rotkraut mit Äpfeln
                    Rehziemer

29   Obst
                     Rohgemüse
             Blumenkohl, Rotkraut
                   Hasenziemer

c) Eier und Zuspeisen

1   Obst
                     Rohgemüse
                     Spinat
             Mortadella mit Spiegelei

2   Obstsalat mit gehackten Pilzen
                     Omelett
                   grünen Salat

d) Kleine pikante Gerichte

1   Krabbensalat mit Krabben,
           jungen Erbsen, Spargel, Ananas,
               Äpfeln und Mayonnaise

2	Gekochter Fisch mit zerlassener Butter und Zitrone roher Sauerkrautsalat mit Äpfeln	
3	Salat aus Ananas, Äpfeln, Spargel Erbsen und Mayonnaise gefüllte Paprikaschoten Tomatensalat, grüner Salat Obst	(S. 53, Nr. 10)
4	Spargel mit Schinken und Orangen	(S. 53, Nr. 12)
5	Ragout fin in Muscheln	(S. 54, Nr. 13)
6	Fischragout in Muscheln	(S. 54, Nr. 14)
7	Gedämpfte Gurken mit Dillbutter	(S. 54, Nr. 15)
8	Gedämpfte Chicorée mit Zitrone	(S. 54, Nr. 16)
9	Pariser Nierenspieß	(S. 55, Nr. 17)
10	Gefüllte Sellerie	(S. 55, Nr. 18)
11	Waldorf-Astoria-Salat	(S. 55, Nr. 19)
12	Schwedischer Krabbensalat	(S. 55, Nr. 20)
13	Amerikanischer Fruchtsalat	(S. 55, Nr. 21)
14	Geflügelsalat mit Orangen	(S. 56, Nr. 22)
15	Amerikanischer Karottensalat	(S. 56, Nr. 23)
16	Italienischer Lauchsalat	(S. 56, Nr. 24)
17	Salat San Remo	(S. 56, Nr. 25)
18	Mailänder Salat	(S. 56, Nr. 26)
19	Cordon bleu	(S. 57, Nr. 27)

e) Rezepte für Eiweißmahlzeiten

1. Zwiebelfleisch

1 Pfund gewürfeltes Rindfleisch, 2 bis 3 Zwiebeln, je nach Größe, Majoran, Thymian, etwas Öl, $^1/_8$ Liter sauren Rahm:
Man dünstet die Zwiebeln in dem Öl glasig, gibt das Fleisch gleichzeitig, aber erst nach dem Garen den sauren Rahm hinein.

2. Tartarenbeefsteak

Gemischtes Schabefleisch, eine feingeschnittene Zwiebel, Basilicum, 1 Eigelb, zerkleinerte Tomaten und gewiegte Kräuter mischt man und ißt das Fleisch zu Gemüse oder Rohkost.

3. Gehacktes Fleisch mit Karotten

1 Pfund gehacktes Rindfleisch, eine kleine Zwiebel, eine Spur Kräutersalz, Thymian und Basilicum, etwa 4 bis 5 Karotten:
Die Zwiebel dünstet man in etwas Fett, vermischt sie mit dem Fleisch, den geriebenen Karotten und den Gewürzen, füllt die Masse in eine gefettete Jenaer-Glasform und dämpft das Gericht bei mäßiger Hitze gar.

4. Krautrouladen

500 g gehacktes Rindfleisch, 1 Ei, 2 kleine gewiegte Zwiebeln, Kräutersalz, Basilicum, Thymian, Weißkraut:
Fleisch, Ei, Gewürze, zerkleinerte Krautreste mischen, in Weißkohlblätter einwickeln und dünsten.

5. Weißkraut mit Tomaten und Käse

Feingeschnittenes, abgebrühtes Weißkraut, zerkleinerte Tomaten und geriebenen Käse schichtet man abwechselnd in eine Auflaufform (mit Butter einfetten), nachdem man nach Geschmack gewürzt hat. Man backt den Auflauf bei mäßiger Hitze.

6. Feiner Salat

Eine kleine abgekochte Sellerieknolle, einen geschälten Apfel, 125 g gekochtes Hühnerfleisch und das Fleisch von 2 kernlosen Orangen zerkleinern, mit 10 grobgehackten Walnüssen,

der geriebenen Schale einer Orange, einem Schuß Cognac und
125 g guter Mayonnaise mischen, 1 bis 2 Stunden kalt stellen
und mit grünem Salat servieren.

7. Gedämpftes Huhn in Tomatentunke

Ein gedämpftes Huhn zerlegt man, wenn es weich ist, in Stük-
ke, gibt diese in eine pikante Tomatentunke und läßt 20 Minuten langsam durchziehen. Man richtet auf einer Platte an, um-
legt mit gedämpften grünen Bohnen und gibt Blattsalat dazu.

8. Italienischer Salat

Man schneidet Fisch oder Fleisch nach dem Kochen in kleine
Würfel, ebenso Äpfel, Sellerie, rote Beete und Zitronengurken.
Nun vermischt man alle diese Zutaten mit Mayonnaise aus
Bioghurt, Eigelb, Öl und Zitronensaft.

9. Salat von Schweizer Käse

Man hobelt den Käse in feine Scheiben, legt ihn lageweise mit
zerkleinertem Rohgemüse in eine Glasform, gibt Bioghurt und
evtl. Büchsenmilch darüber und läßt ihn durchziehen.

10. Gefüllte Paprikaschoten

Paprika aushöhlen und Zwiebeln, Hackfleisch, Eigelb, geriebene Äpfel, Petersilie und etwas Öl mischen, die Paprikaschoten
damit füllen, mit etwas Wasser in fest verschlossenem Topf
20 Minuten dünsten.

11. Fischauflauf

Fischfilet, mit Meeressalz und Zitronensaft gewürzt, legt man
in eine mit Butter ausgestrichene Jenaer-Glasform, abwechselnd mit Tomatenscheiben und kleingeschnittenen, vorgedämpften, beliebigen Gemüsen belegt, gibt Butterflöckchen
darauf und läßt das Gericht im eigenen Saft etwa 20 Minuten
dünsten.

12. Spargel mit Schinken und Orangen

In 5 cm lange Stücke geschnittener geschälter Spargel wird gar
gekocht, mit feingewiegtem rohem Schinken und entkernten
Orangenscheiben wechselweise in eine gefettete Auflaufform
gelegt. Obenauf kommen die Spargelköpfe, die mit reichlich

Butterflöckchen bestreut werden. Darüber gibt man $1/_2$ Tasse leicht gesalzenen süßen Rahm, 20 Minuten in heißem Ofen backen und in der Jenaer-Glasform servieren.
Man kann auch Becel oder ähnliches statt Butter nehmen.

13. Ragout fin in Muscheln

50 g in feine Streifen geschnittene Ochsenzunge, 50 g in feine Streifen geschnittenen Kalbsbraten, 50 g Spargel, in feine Blättchen geschnitten, 1 Eßlöffel Kapern, 2 Eigelb, 1 Tasse Milch, 1 Prise Salz, etwas Paprika gut mischen. Gut gefettete Muschelformen bis zum Rand füllen, mit Butterflöckchen versehen und ca. 15 Minuten im Ofen überbacken. Mit Zitronenscheiben servieren und zu Salat essen.
Man kann auch Becel oder ähnliches statt Butter nehmen.

14. Fischragout in Muscheln

Reste von gekochtem Fisch in kleine Stücke teilen. 2 Teelöffel Tomatenmark, eine feingehackte mildsaure Gurke. 4 gehackte Walnußkerne, 1 Teelöffel Rosenpaprika, 2 Tassen Milch und 2 Eigelb gut mischen und darübergießen, in gefettete Muscheln füllen, mit etwas Butterflöckchen bestreuen und ca. 10 Minuten im heißen Ofen überbacken. Vor dem Servieren mit einer Gabel in die Kruste stechen und ein paar Tropfen ungesüßten Wein einfüllen. Zu grünem oder Sauerkrautsalat servieren.

15. Gedämpfte Gurken mit Dillbutter

Man rechnet pro Person $1/_2$ Pfund Gurke. Die Gurken werden geschält, halbiert, entkernt, in reichlich frischer Butter auf kleiner Flamme gedünstet, mit Salz und Paprika gewürzt. Die heißen Gurken werden dick mit frischer Butter oder Becel, die mit reichlich feingewiegtem frischen Dill verknetet wurde, bestrichen und, mit kleingehacktem, hartgekochtem Eigelb bestreut, serviert.

16. Gedämpfte Chicorée mit Zitrone

Man rechnet pro Person 2 Stangen. Das Gemüse wird in frischer Butter auf kleiner Flamme ca. 10 Minuten ringsum gebraten, mit Salz bestreut und mit Zitronensaft beträufelt und, mit hartgekochtem, kleingehacktem Eigelb bestreut, serviert.

17. Pariser Nierenspieß

Auf einer Fleischnadel werden eine Scheibe Niere, ein Salbeiblatt, eine Scheibe Schinkenspeck, $1/2$ Zwiebel abwechselnd aufgespießt. Die Spieße werden in heißem Fett oder Öl schnell rundherum gebraten, mit Salz und Paprika gewürzt und zu Salat und Gemüse serviert.

18. Gefüllte Sellerie

Eine große Knolle Sellerie in leichtem Salzwasser gar kochen, erkaltet schälen, halbieren, mit einem kleinen Teelöffel aushöhlen, mit Zitronensaft würzen, die ausgekratzten Abfälle zerdrücken, mit kleingeschnittenen Resten von Geflügel, Braten, Zunge, einer kleingehackten Gurke, $1/2$ geraspelten süßen Apfel, 1 Teelöffel Kapern und Mayonnaise aus Bioghurt, Eigelb, Öl und Zitrone untermischen. Diese Farce in die Sellerie einfüllen. Eisgekühlt auf Kopfsalatbättern servieren.

19. Waldorf-Astoria-Salat

Eine kleine abgekochte Sellerieknolle, einen geschälten, süßen Apfel, 125 g gekochtes Hühnerfleisch (Resteverwertung), das Fleisch von 2 kernlosen Orangen, 10 grobgehackte Walnüsse, die geriebene Schale einer Orange, 1 Schuß Cognac, 125 g Mayonnaise mischen. Portionsweise auf grünen Salatblättern anrichten.

20. Schwedischer Krabbensalat

125 g Krabben, 100 g geraspelte, rohe Sellerie, 1 Tasse in Butter gedämpfte grüne Erbsen, einen kleingeschnittenen Apfel, 125 g dicke Mayonnaise gut mischen, kühl stellen und auf Salatblättern servieren.

21. Amerikanischer Fruchtsalat

Das Fleisch von einer Grapefruit, 2 Orangen, 2 süßen Äpfeln, 100 g Ananas in kleine Würfel schneiden, eine kleine Knolle Sellerie raspeln und zum Fruchtfleisch geben. Mit 2 Eßlöffeln voll gequollener Sultaninen, 50 g grobgehackten Walnüssen, $1/4$

Tasse Bienenhonig, dem Saft von 2 Zitronen und der abgeriebenen Schale einer Orange gut mischen, 30 Minuten ziehen lassen. Eisgekühlt zu gebratenem Fisch oder Fleisch oder Geflügel servieren.

22. Geflügelsalat mit Orangen

200 g gekochtes oder gebratenes Geflügelfleisch (Resteverwertung) in kleine Würfel schneiden, mit dem Fleisch von 2 Orangen, einer Handvoll geschälter, halbierter Mandeln, den feingehackten Schalen einer Orange, 125 g Mayonnaise und einem Schuß Cognac gut mischen, in Muschelschalen servieren.

23. Amerikanischer Karottensalat

250 g rohe gewaschene Karotten zu Mus reiben, mit 50 g geraspelter Kokosnuß, 50 g kleingeschnittenem magerem Schinken, dem Saft von 2 und der geriebenen Schale einer Orange und 125 g Mayonnaise gut mischen. Zu Salat servieren.

24. Italienischer Lauchsalat

2 dicke Lauchstangen gut waschen, das Grüne abschneiden, das Weiße in dünne Ringe schnitzeln, mit feingewiegtem geräuchertem Lachs, dem Saft und der geriebenen Schale einer Zitrone und Olivenöl mischen, 1 Stunde ziehen lassen und auf Salatblättern servieren.

25. Salat San Remo

4 reife gehäutete Tomaten in dünne Scheiben schneiden, mit einem gekochten, gehackten Eigelb, einigen Krabben, einer geriebenen Zwiebel, dem Saft einer halben Zitrone und mit Olivenöl mischen. Auf Kopfsalat servieren.

26. Mailänder Salat

8 Salatherzen von Kopfsalat halbieren, die Scheiben einer Orange halbieren, mit 8 entsteinten Sauerkirschen, 1 Eßlöffel Bienenhonig, 8blättrig geschnittenen Haselnüssen, dem Saft und der geriebenen Schale einer Orange, ein paar Tropfen Cognac und 50 g steifen Sanoghurt gut mischen und auf Salatblättern anrichten.

27. Cordon bleu

Man klopft ein Kalbsschnitzel sehr breit, würzt es mit Salz und Salbei, einer kleinen Prise für jede Seite, streicht recht dünn Rahmkäse und gibt ein Stück gekochten Schinken darüber. Diese Teile werden mit Zahnstochern oder Rouladenspießen zusammengestochen und gebraten. Wenn man die richtige Mischung von Fleisch, Käse, Schinken und Salbei heraus hat, hat man in Cordon bleu ein ganz besonders lukullisches Gericht.

f) Nachspeisen zu Eiweißmahlzeiten

1. **Alle Obstarten,** die in der Tabelle unter saurem Obst eingetragen sind.

2. **Apfelringe**

Runde Apfelscheiben dünstet man in der Pfanne mit Wasser fast weich und gibt kurz vorm Anrichten etwas Öl zu, damit es sich erwärmt.

3. **Quark mit Kirschen**

Süßen Quark treibt man durch ein Sieb und vermischt ihn mit Rosinen und entsteinten süßen Kirschen. Vorzüglich eignet sich hierzu die schwarze Herzkirsche.
Oder man vermischt den durchgetriebenen Quark mit Rosinen und abgezogenen, zerkleinerten Pfirsichen oder Erdbeeren.

4. **Schlagrahmspeise**

Zerkleinerte Früchte wie Erdbeeren, Himbeeren oder Pfirsiche vermischt man mit Rosinen und Schlagfit und läßt sie im Kühlschrank auskühlen.

5. **Eis**

Eis aus Schlagfit, Korinthen und Früchten (Himbeeren und Erdbeeren).

Schweinefleisch ist an sich in jeder Form verboten, aber wir bringen dennoch Rezepte für die, denen die Umstellung auf Trenn-Kost noch neu ist, oder die auf diese Fleischkost nicht verzichten wollen. Blutwurst ist neutral.

II. Kohlehydratmahlzeiten

Zu diesen passen weder Fleisch noch Fisch, noch Eier oder Milch,
auch kein saures Obst, aber Heidelbeeren, Pilze und Bananen, zu
den Salaten kein Essig, keine Zitrone.

a) Kartoffelspeisen

1

Grüner Salat
Gemüsesuppe
grünes junges Bohnengemüse
gefüllte Kartoffeln 1. Art   (S. 61, Nr. 1)
Heidelbeeren und Schlagfit

2

Rohgemüsesalat
gefüllte Kartoffeln 2. Art   (S. 61, Nr. 4)
Schlagfitspeise

3

Salat
Kartoffelsuppe
Pellkartoffeln auf dem Rost
Lauchstangen
Butter oder Becel

4

Rohgemüsesalat
Kartoffelbrei
Öl mit Zwiebeln
rohes Sauerkraut ohne Äpfel
gebratene Bananen

5

Rohgemüsesalat
Bauernfrühstück   (S. 61, Nr. 2)
Heidelbeeren mit Zucker

6

Rohgemüsesalat
Kümmelkartoffeln, Quark

7 Gemüsesuppe
Kartoffelpfannkuchen (nur mit Eigelb)
Heidelbeerkompott

8 Quarkküchlein mit Salat (S. 62, Nr. 7)

b) Mehlspeisen

1 Rohkostsalat
Brotauflauf (S. 62, Nr. 1)

2 Grünkernsuppe
mit gerösteten Weckbrötchen
Dampfnudeln (S. 63, Nr. 2)
Heidelbeeren

3 Rohkostsalat
Grünkernschnitten (S. 63, Nr. 3)
Tomatensalat
Bananenschnee mit Tomaten (S. 69, Nr. 4)

4 Vollkornbrot mit Butter
Vitam R oder Quark
Tomaten und Gurkenscheiben
Bier oder Kräutertee

5 Rohkostsalat (S. 71)
Grünkernpudding (S. 64, Nr. 6)

6 Heidelbeeren mit Zucker
Haferflocken mit Karotten (S. 65, Nr. 10)

7 Hafersuppe
Hefepfannkuchen mit Heidelbeeren (S. 64, Nr. 8)

8 Rohkostsalat (S. 71)
Zwiebelpastete (S. 63, Nr. 5)

9	Rohkostsalat	
	Weißkrautbratlinge	(S. 64, Nr. 7)

10	Rohgemüse	(S. 72)
	Vollkorn-Makkaroniauflauf	(S. 67, Nr. 18)
	Pilztunke	

11	Rohgemüse
	Salat
	Gefüllte Kohlrabi

12	Rohgemüse
	Salat, Pilze
	Rührei von Eigelb

13	Rohgemüse	
	Gemüsebrühe mit Nudeln	(S. 72, Nr. 2)
	Heidelbeertaschen	(S. 66, Nr. 14)

14	Rohkost
	Vollkornbrei aller Art

c) Reisspeisen

1	Tomatensalat	
	Gemüsebrühe mit Reis	(S. 72, Nr. 2)
	Reis mit gedämpften Pilzen	(S. 68, Nr. 8)

2	Rohkostsalat	
	Reisauflauf	(S. 67, Nr. 1)

3	Rohkostsalat	(S. 71)
	Reisküchelchen	(S. 67, Nr. 2)

4	Rohkostsalat	
	Gemüsereis	(S. 67, Nr. 3)

5	Rohkostsalat	
	Gemüsebrühe	
	Reisschichtspeise	(S. 68, Nr. 5)

| 6 | Rohkostsalat | |
| | Gemischtes Gemüse auf Reis | (S. 68, Nr. 6) |

7   Grüner Salat
Gemüsebrühe mit Frugola würzen für Suppe
Gemischtes Gemüse auf Reis

| 8 | Grüner Salat | |
| | Safranreis mit Pilzen | (S. 68, Nr. 8) |

d) Rezepte für Kartoffelspeisen

1. Gefüllte Kartoffeln (1. Art)

Gut gebürstete Kartoffeln brät man im Backofen, zieht ihnen die Haut ab und höhlt sie aus. Die ausgehöhlten Kartoffelmassen treibt man durch ein Sieb, vermischt diese Masse mit gebratenem Speck, gebratenen Zwiebeln, mit Eigelb, Petersilie, Glutamat, füllt damit die ausgehöhlten Kartoffeln und erwärmt sie noch einmal im Ofen.

2. Bauernfrühstück

In eine mit Butter ausgestrichene Auflaufform gibt man schichtweise gekochte, in Scheiben geschnittene Kartoffeln, Zwiebeln, die man mit Speckwürfeln gedünstet hat, und sauren Rahm. Zum Abschluß gibt man auf den Auflauf kleine Butterflocken und wärmt ihn im Ofen.

3. Gemüseauflauf

Man gibt in eine gefettete Auflaufform abwechselnd gekochte, in Scheiben geschnittene Kartoffeln, gedämpfte Gemüse, wie Karotten, Erbsen, Bohnen, Wirsing oder Gemüsereste mit gedünsteten Zwiebeln, zuletzt Kartoffeln mit Butterflöckchen und überbackt alles.

4. Gefüllte Kartoffeln (2. Art)

Rohe Kartoffeln höhlt man aus, füllt sie mit feingeschnittenen, gedämpften Zwiebeln und gehackten Pilzen, setzt sie in eine Auflaufform, bestreut sie mit Butterflöckchen und brät sie im Backofen gar.

5. Kartoffelbrei

a) Mehlige, gekochte Kartoffeln treibt man durch ein Sieb, verrührt sie in einer Schüssel mit kochendem Wasser und etwas Butter oder Rahm.

b) Man treibt gekochte Salzkartoffeln durch ein Sieb, vermischt sie mit dem Abgießwasser und etwas Butter oder Rahm.

c) Man vermischt gekochte, geriebene Kartoffeln mit Eigelb, Meeressalz, feingewiegter Petersilie und etwas Kartoffelmehl, gibt die Masse in eine geschlossene Puddingform und kocht sie im Wasserbad $\frac{1}{2}$ Stunde.

6. Kartoffelküchelchen

Reste von Kartoffelbrei oder gekochten, 24 Stunden vorher ausgekühlten, geriebenen Kartoffeln vermischt man mit Kartoffelmehl, Eigelb oder feingewiegten Kräutern, formt Küchelchen und backt sie auf beiden Seiten braun.

7. Quark-Küchlein

24 Stunden vorher gekochte, geriebene Kartoffeln vermischt man zu gleichen Teilen mit trockenem Quark, würzt mit Zukker und Rosinen und formt aus der Masse kleine Frikadellen, die man in der Pfanne brät.

8. Kartoffeln in der Schale

Kleinere Kartoffeln werden gut gebürstet, ungeschält halbiert, auf der Schnittfläche mit Kümmel bestreut und auf einem mit Butter bestrichenen Blech im Backofen etwa $\frac{3}{4}$ Stunde gebakken (Schnittfläche nach oben).

e) Mehlspeisen-Rezepte

1. Brotauflauf

100 g Schwarzbrot, 5 Eßlöffel Wasser, etwas Rahm, 2 Eigelb, 4 Eßlöffel Zucker, 50 g Butter, Rosinen und Nüsse nach Geschmack:

Man überbrüht das Brot mit kochendem Wasser und vermischt es, wenn es vollständig erweicht ist, mit allen Zutaten und backt den Auflauf bei mittlerer Hitze.

2. Dampfnudeln

400 g Weizenschrot, 125 g Butter, 110 g Zucker, 3 Eigelb, 30 g Hefe, ¹/₈ Liter Wasser mit Sahnoghurt:

a) Aus dem wie üblich bereiteten Teig, den man fingerdick ausrollt, sticht man runde Stückchen, die man mit Eigelb bestreicht und nach dem Gehen backt.

b) Man läßt in einem eisernen Topf ein Glas Wasser mit etwas Butter und Salz kochen, setzt die wie oben vorbereiteten Dampfnudeln hinein und läßt sie auf sehr schwachem Feuer etwa 20 Minuten backen, bis sie zischen.

3. Grünkernschnitten

250 g Grünkernflocken, ¹/₄ Liter Wasser, 3 Eßlöffel Semmelbrösel, 40 g Hefe, feingewiegte Petersilie, 1 Zwiebel, 1 Eßlöffel Öl, etwas Frugola und Vollkornmehl:

Die Flocken läßt man in dem Wasser aufquellen, fügt die Hefe und alle Zutaten dazu, formt kleine Frikadellen aus der Masse und backt sie. Man kann unter diese Frikadellen auch durchgemahlene Gemüsereste mischen.

4. Weizenschrotbrötchen

1 Pfund Weizenschrot, ¹/₂ Pfund Weizenmehl, 30 g Hefe, ¹/₂ Liter Wasser, 50 g nicht raffinierten Zucker oder 1 bis 2 Teelöffel Bienenhonig, 7 g Salz oder ohne Zucker mit etwas Salz, 2 Eiern und etwas Mehl.

Diesen Teig läßt man ¹/₂ Stunde stehen, formt aus ihm kleine Brötchen, die man nochmals gehen läßt und bei guter Hitze backt.

5. Zwiebelpastete

200 g Roggenmehl, 100 g Weizenmehl, 150 g Butter, 2 Eigelb, Salz, ¹/₂ Tasse Wasser, feingeschnittene Zwiebeln und Pilze zur Füllung:

²/₃ des Teiges gibt man in eine gefettete Auflaufform, belegt ihn mit den Pilzen, die man in Zwiebeln gedünstet und mit Gelbei

und Büchsenmilch vermischt hat. Nun gibt man den Rest des Teiges als Deckel darauf und backt die Pastete im Bratofen. Man kann die Pastete statt mit Pilzen auch mit Sauerkraut füllen.

6. Grünkernpudding mit Rosinen

150 g Grünkernschrot, 80 g Vollkornbrot, 2 Eßlöffel Butter, 3 Eßlöffel braunen Zucker, 2 Eigelb, 50 g vorgeweichte Rosinen:
Man schüttet das Grünkernschrot in $^1/_2$ Liter kochendes Wasser und läßt es abkühlen. Auch das Vollkornbrot überbrüht man mit etwas kochendem Wasser und vermischt beides mit den angegebenen Zutaten. Man füllt die Masse in eine gut vorbereitete Puddingform und kocht im Wasserbad $^3/_4$ Std.

7. Weißkrautbratlinge

4 Pfund Weißkraut, 8 Eßlöffel gemahlenen Grünkern, eine Zwiebel, Öl, etwas Vollkornmehl, Eigelb und die erforderlichen Gewürze wie Meeressalz, Frugola und Paprika:
Das Weißkraut zerteilt man in Blätter, brüht es ab, mahlt es durch, mischt es mit den Zutaten und läßt es $^1/_2$ Stunde stehen. Dann formt man Bratlinge, dreht sie in Weckmehl und backt sie in Fett.

8. Hefepfannkuchen

1 Pfund Mehl, Wasser nach Bedarf, 20 g Hefe, eine Prise Salz:
Füllung: 250 g Quark, 1 Eigelb, einige Rosinen, 2 Eßlöffel Zucker
Man bereitet von den angegebenen Zutaten einen dünnflüssigen Teig, backt daraus in einer mit Öl gefetteten Pfanne hauchdünne Pfannkuchen und füllt mit dem zubereiteten Quark. Diese Pfannkuchen müssen heiß gegessen werden. Statt der Quarkfüllung kann man Pilze, Heidelbeeren oder Hagebuttenmark nehmen.

9. Zwiebelbrötchen

Aufgeschnittene Weizenschrotbrötchen bestreicht man mit Öl und gedünsteten Zwiebeln und überbackt sie im Backofen.

10. Haferflocken mit Karotten

5 Eßlöffel Haferflocken oder Hafermark, 5 bis 6 geriebene Karotten und 125 g geriebene Haselnüsse, etwas Honig und ¹/₈ Liter Wasser:

Das Hafermark läßt man 10 Minuten im Wasser weichen und vermischt es dann mit allen Zutaten.

11. Schrotkuchen

¹/₄ Pfund Vitaquell o. ä., 2 Eigelb, ¹/₄ Pfund Weizenmehl, 25 g Mondamin, 1 Eßlöffel Vollkornmehl, 1 Backpulver, Sahne mit Wasser nach Bedarf:

Dieser Kuchen muß gut ausgebacken werden. Er hält sich lange.

12. Schrotgebäck

250 g Schrotmehl, 100 g Weizenmehl, 150 g Zucker, 80 g Butter, 2 Eigelb, 1 Teelöffel Backpulver, 1 Vanille:

Man sticht aus dem Teig kleine Kuchen. Beim Backen verlaufen diese etwas.

13. Linzertorte mit Haferflocken

³/₄ Pfund Mehl, ¹/₂ Pfund Haferflocken, ¹/₄ Pfund Butter, 125 g Zucker, Zimt, Nelken, Zitronenschale, 2 Eigelb, 1 Backpulver:

Es werden 2 verschiedene Teige gemacht.
1. Teig: Auf dem Nudelbrett werden Butter und Haferflocken so miteinander gewirkt, bis sie sich vermengt haben. Dann legt man den Teig beiseite.

2. Teig: Alle übrigen Bestandteile wie Mehl, Zucker, Gewürze, Backpulver und Eigelb vermischen. Es darf für den Teig soviel Mehl genommen werden, wie erforderlich ist. Jetzt werden beide Teige zusammen verwirkt. ³/₄ des Teiges rollt man auf einem Butterbrotpapier aus, das die Größe der Backform hat und streicht Heidelbeermarmelade auf, nachdem man noch einen Rand um den Teigboden gelegt hat. Vom Rest des Teiges legt man ein Gitter obenauf.

14. Gefüllte Taschen

125 g Weizenmehl, 125 g Weizenschrotmehl, 130 g Butter, 1 Tasse Wasser, 1 bis 2 Eßlöffel Rahm, etwas Salz, 1 Teelöffel Backpulver:

a) Von diesen Zutaten macht man einen Teig, rollt ihn aus und schneidet Vierecke, die man mit Heidelbeeren füllt und übereck zusammenklappt. Man backt sie bei mäßiger Hitze.

b) Man kann dieselben Taschen auch mit Quark und Rosinen füllen als Quarktaschen.

15. Käseauflauf

125 g Butter, 200 g Zucker, 250 g trockenen Quark, 2 Eigelb, etwas Vanille, 60 g gehackte Mandeln, 60 g Sultaninen, 300 g Vollkornmehl, $^1/_2$ Backpulver, nach Bedarf etwas Wasser:

Butter und Zucker werden miteinander verrührt, dann gibt man Quark, Eigelb, Vanille, Mandeln, Sultaninen und zuletzt das mit dem Vollkornmehl vermischte Backpulver hinzu. Man backt das Ganze in einer Auflaufform. Man kann den Käseauflauf auch kalt essen.

16. Käsekuchen

Teig wie bei den gefüllten Taschen Nr. 14

Belag: 750 g Quark, $^1/_8$ Liter Rahm, 200 g Zucker, 2 Eigelb, 1 Päckchen Vanille-Puddingpulver, 1 Teelöffel Backpulver, 60 g Rosinen:

Mit dem Teig Nr. 14 belegt man den Boden einer Springform. Dann verrührt man den Quark mit dem Rahm, den man auch durch Wasser ersetzen kann, gibt Zucker, das Eigelb, die Rosinen und zuletzt das mit dem Backpulver vermengte Puddingpulver darunter. Das Ganze gibt man auf dem Teig und backt bei mäßiger Hitze. Nach dem Backen läßt man den Kuchen noch $^1/_4$ Stunde im abgedrehten Ofen stehen, damit er nicht zusammenfällt.

17. Quarkklöße

2$^1/_2$ Pfund Quark, $^1/_4$ Pfund Mondamin, $^1/_4$ Pfund Mehl, 1 Eigelb, 2 Eßlöffel Zucker, 1 Messerspitze Salz:

Trockener Quark wird mit den Zutaten vermengt. Die daraus geformten Klöße kocht man in Salzwasser gar.

18. Vollkornnudelauflauf

Man kocht die Nudeln in Salzwasser ab, gibt davon eine Lage in die Auflaufform und bestreut mit Flocken von Kräuterdoppelrahmkäse. Dann übergießt man sie mit einer Mischung von 2 Eigelb, Büchsenmilch und 2 Eßlöffel Mehl. Man überbackt im Bratofen und bekommt einen Auflauf mit herrlich brauner Farbe.

f) Reisspeisen-Rezepte

1. Reisauflauf

300 g Naturreis läßt man in Wasser aufkochen und quellen, fügt, nachdem er abgekühlt ist, 4 Eigelb, 50 g Zucker, $\frac{1}{4}$ Liter süßen Rahm, 50 g Sultaninen und 2 in Scheiben geschnittene Bananen dazu, füllt ihn in eine Auflaufform und belegt ihn mit Butterflöckchen. Man backt ihn bei mäßiger Hitze.

2. Reisküchelchen

300 g Naturreis läßt man in Wasser aufkochen und quellen, vermischt ihn mit Gemüseresten, formt kleine Küchelchen daraus, die man in Paniermehl wälzt und in der Pfanne backt.

3. Gemüsereis

300 g Naturreis, 2 Pfund Spargel, 30 g Butter:
Spargel schneidet man in Stücke, kocht ihn, läßt den Reis in dem Spargelwasser aufkochen und quellen, füllt Reis und Spargel abwechselnd in eine mit Butter ausgestrichene Auflaufform, setzt Butterflöckchen darauf und backt alles bei mittlerer Hitze.

4. Reis mit Blumenkohl

Den Blumenkohl zerpflückt man in Röschen und kocht ihn halb gar. In dem Blumenkohlwasser läßt man den Reis aufkochen und quellen, füllt beides abwechselnd mit angebratenen

Speckstückchen in eine Jenaer-Glasform (vorher einfetten), belegt mit Butterflöckchen und überbackt den Auflauf.

5. Reisschichtspeise

300 g Naturreis, ¹/₂ Liter Wasser, ¹/₄ Liter süßen Rahm
Füllung: Nüsse oder Bananen oder Heidelbeeren
Den Reis läßt man in dem Wasser aufkochen und quellen, bis er trocken ist, vermischt ihn mit dem Rahm und füllt abwechselnd Reis und Früchte in eine Glasform.

6. Gemischtes Gemüse auf Reis

Fertig zubereitetes Gemüse, zum Beispiel Spargel, grüne Erbsen, Karotten, richtet man auf einem Reisberg an, übergießt alles mit zerlassener Butter und streut feingewiegte Petersilie darüber.

7. Reis nach Trautmannsdorf

Den in Wasser aufgekochten, gequollenen Reis mit Zucker und etwas Rum mischen, Gelantine zugeben und mit Schlagrahm und zerdrückten Bananen mischen.

8. Safranreis mit Pilzen

Man dünstet den Reis in Öl und Zwiebeln, gibt Wasser oder Gemüsebrühe daran und würzt mit Safran. Sehr gut schmeckt Safranreis mit gedünsteten Pilzen.

g) Rezepte für Nachspeisen zu Kohlehydratmahlzeiten

1. Quark mit Rosinen

Man treibt den Quark durch ein Sieb, untermischt ihn mit Zucker, Rahm, einem Eigelb, etwas geriebenen Haselnüssen und vorgeweichten Sultaninen.

2. Gebratene Bananen

Man teilt die Bananen längs in der Mitte, brät sie in Butter an und bestreut sie beim Anrichten mit gehackten Mandeln oder Nüssen.

3. Heidelbeeren mit Schlagsahne

Man bestreut die Heidelbeeren mit nicht raffiniertem Zucker, läßt sie kurze Zeit durchziehen und richtet sie dann mit Schlagfit an.

4. Bananen-Schnee

2 Pfund reife Bananen werden zerquetscht und nach Geschmack gesüßt. Man rührt $^1/_4$ Liter steif geschlagenen Schlagfit und Vanille darunter. Man kann die Creme mit geschälten und geriebenen Mandeln verzieren.

5. Bananen-Creme mit Tomaten

1 $^1/_2$ Pfund reife Bananen, 1 Pfund reife Tomaten, 50 g geriebene Mandeln, $^1/_4$ Liter Schlagfit:
Man überbrüht die Tomaten mit kochendem Wasser, zieht die Haut ab und schneidet sie in Scheiben. Auch die Bananen schneidet man in Scheiben, legt sie abwechselnd mit den Tomaten auf eine Glasplatte, bestreut sie mit den Mandeln und gibt den steif geschlagenen Rahm darüber.

6. Vanille-Creme

$^1/_2$ Liter Schlagfit, 70 g Zucker, 4 Eigelb, etwas weiße Gelatine:
Einen kleinen Teil des Schlagfits erwärmt man und läßt darin ausgeschabte Vanille ausziehen, rührt das Eigelb mit dem Zucker schaumig, fügt die Vanille mit dem Schlagfit dazu, dann die in heißem Wasser gelöste Gelatine, zuletzt steif geschlagenen Rahm. Gelatine muß stets in kaltem Wasser eingeweicht, dann durch Erhitzen unter Rühren gelöst werden, und dies am besten in Glas- oder Porzellangefäßen. Kein Metall verwenden, damit die Gelatine nicht vorschmeckt!

7. Schlagrahm mit Bananen

Man zerquetscht reife Bananen, würzt gesüßten Schlagfit mit Vanille und mischt beides. Das ergibt eine schnell zu bereitende, sehr gute Nachspeise.

8. Bananes flambées

Eine besonders leckere Bananenspeise.
Man gibt Zucker in eine Pfanne, bräunt ihn vorsichtig, darüber gibt man Bananenhälften und einige geschnittene Nüsse oder Mandeln, die man leicht mitrösten läßt, darüber ein kleines Stück Butter und zum Schluß, wenn die Butter zergangen ist, etwas Alkohol, wie Bols oder Kirsch oder Cognac, aber nur ganz kleine Mengen. Dann steckt man das Ganze mit einem Streichholz an und brennt den Alkohol in Schräghalte ab.
a) Darauf nimmt man die Bananenhälften mit den Nüssen und dem Bratenansatz heraus.
b) Man kann auch zwischen den Bananenhälften Gefrorenes servieren, das aus Eigelb, Schlagfit und Vanillezucker hergestellt wurde.

9. Vanille-Eis

4 Eigelb, 65 g Zucker, $^{1}/_{2}$ l Sahne, Vanille.

10. Nuß-Eis

Man fügt dem vorherigen Rezept 150 g Haselnüsse zu.

11. Schokoladen-Creme

120 g geriebene Schokolade, $^{1}/_{4}$ l Schlagfit, $^{1}/_{8}$ l Wasser, 3 Eigelb, 1 Eßlöffel brauner Zucker.
Man koche die Schokolade langsam 10 Minuten, füge das mit dem Zucker geschlagene Eigelb hinzu, erhitze unter Rühren im Wasserbad 20 Minuten.
Nach dem Abkühlen setze man geschlagenes Schlagfit hinzu und serviere in Gläsern.

III. Salate und Rohkostplatten

1. Verbindung von Salaten — neutral

a) Kleingeschnittene Blumenkohlknospen mariniere man in Grund- oder Tomatentunke und breite sie dann in der Mitte einer Unterlage von ebenfalls vorher angerichtetem grünem Salat aus. Oder man kann beide Gemüsearten vermischen.

b) Grüner Salat mit Gurken, Tomaten, Radieschen, Rettich, Karotten u. a. werden in gleicher Weise vermischt angerichtet.

c) Man vermische gleiche Teile geschnittenes Weißkraut mit gehacktem Sellerie und Grund-Tunke und serviere auf grünem Salat.

2. Salate zu Eiweißmahlzeiten

a) Sellerie-Karotten-Salat
1 Tasse geriebene Karotten, 1 $^1/_2$ Tassen geschnittenen grünen Salat, $^1/_2$ Tasse gewiegten Sellerie, $^1/_4$ Tasse geriebene Nüsse, 2 Eßlöffel Zitronensaft, $^1/_2$ Tasse Mayonnaise:
Man mische Sellerie, Karotten und Nüsse mit dem Zitronensaft, füge die Mayonnaise hinzu und serviere auf grünem Salat.

b) Andere Verbindungen
Karotten und Äpfel zu gleichen Teilen
Sellerie und Äpfel
Karotten, Äpfel, Sellerie und feingeschnittener Lauch
$^1/_3$ Rettich, $^2/_3$ Äpfel
Weißkraut, Rotkraut oder Sauerkraut
zu $^2/_3$ und $^1/_3$ Äpfel
Sellerie, Rosinen, Äpfel
Sellerie, Äpfel, Nüsse

c) Etwas Öl und Zwiebel erhitzen, feingewiegtes Sauerkraut darin schütteln, feingeschnittene Äpfel daran geben, etwas erwärmen.

d) Besonders gut: rohe geriebene Karotten, etwas feingeschnittene Orangen

3. Rohkostverbindungen — neutral

Karotten — grüne Erbsen
Karotten — Weißkraut — Kopfsalat
Sellerie — Tomaten — Kopfsalat oder Endiviensalat
Sellerie — Rote Bete — Schwarzwurzeln
Sellerie — Rote Bete — Äpfel
Sellerie — Tomaten — Champignons
Spargel — Rote Bete — Kopfsalat
Tomaten — Gurken — Kohlrabi
Tomaten — Champignons
Gurken — Rettich — Tomaten
Gurken — Fenchel — Kohlrabi
Weißkraut — Tomaten
Weißkraut — Rote Bete — Fenchel
Rettich — Schwarzwurzeln
Rotkraut — Karotten — Blattsalat
Rettich — Porree

IV. Suppen

1. Gemüse-Grundbrühe

Verschiedene Gemüse, zum Beispiel Karotten, Kohlrabi, Porree, etwas Sellerie, einige Zwiebeln werden geschnitten, in kaltem Wasser aufgesetzt und langsam gedünstet. Diese Brühe gibt man durch ein Sieb, läßt sie abkühlen, fügt gewiegte Petersilie hinzu und stellt sie bis zum Gebrauch kühl. Man kann auch Tomaten mitdünsten, darf aber dann die Brühe nur zu einer Eiweißmahlzeit essen.

2. Gemüse-Brühe

Hat man im Winter wenig frisches Gemüse, kocht man folgende Brühe: Man dämpft Sellerie, Karotten, Porree, Zwiebeln in etwas Fett, Öl oder Speck, füllt Wasser auf und kocht alles langsam, bis die Gemüse weich sind. Die Brühe würzt man mit Meeressalz, Glutamat und wenig Paprika, gibt zum Schluß gewiegte Petersilie hinzu und genießt sie heiß. Will man sie zu

Suppen verwenden, so läßt sie sich auch kurze Zeit kühl aufbewahren.

3. Gemüse-Suppe

mit rohen Kartoffeln

Verschiedene Gemüse, wie sie die Jahreszeit bringt, dämpft man zusammen mit feingeschnittener Zwiebel in Fett und mit kleinen Speckwürfeln, füllt Wasser auf und läßt die Suppe langsam kochen. In die fertige Suppe gibt man, solange sie noch kochend ist, eine oder zwei roh geriebene Kartoffeln, die aber nun nicht mehr mitkochen dürfen. Man würzt die fertige Suppe mit Frugola, Meeressalz und nach Belieben auch mit Paprika.

4. Grüne-Bohnen-Suppe

2 Pfund zarte Bohnen zieht man ab, schneidet sie in kleine Stücke, dämpft sie in Öl mit etwas Butter, fügt so viel Wasser bei, daß die Bohnen halb weich kochen können und füllt dann mit Milch auf, um die gewünschte Suppe zu erhalten. Sind die Bohnen weich, gibt man Meeressalz und in Butter gedünstete Zwiebelstückchen in die Suppe. Vor dieser Suppe kann man rohes Obst essen.

5. Hafersuppe

Man kocht 4 Eßlöffel Hafermark mit Wasser und der unter 3. genannten Gemüsebrühe und würzt nach Geschmack. Oder man kocht das Hafermark, an dessen Stelle man auch Weizenflocken nehmen kann, in Wasser kurz auf, fügt in Wasser vorgeweichte Sultaninen bei und schmeckt die Suppe mit süßem Rahm ab.

6. Zwiebelsuppe

Fein gewiegte Zwiebeln dünstet man in Butter, füllt mit Gemüsebrühe auf, läßt alles kurz aufkochen und würzt mit Frugola. Vor dem Anrichten zieht man die Suppe mit Schlagfit und Eigelb ab.
Zu Eiweißmahlzeiten kann man geriebenen Käse überstreuen.

Auf dieselbe Weise bereitet man:

7. **Lauchsuppe**

8. **Kerbelsuppe**

An all diese Suppen kann man eine rohe Kartoffel reiben, solange sie noch heiß sind. Die Kartoffel selbst darf nicht mehr kochen. So zubereitet, passen sie aber nicht zu Eiweißmahlzeiten.

V. Tunken, Mayonnaisen

1. Grundtunke

3 Eßlöffel Olivenöl, 1 Eßlöffel Zitronensaft werden geschüttelt und geschlagen, nachdem man mit etwas Meeressalz und Frugola gewürzt hat, bis eine gleichmäßige Verbindung hergestellt ist.

Dieser Grundtunke kann man nach Belieben Gewürze oder Kräuter beifügen, zum Beispiel Tomatenmark, feingewiegten Dill oder allerlei feingewiegte Küchenkräuter.

2. Pikante Tomatentunke

1 Pfund reife Tomaten, etwas Öl, eine Zwiebel, Meeressalz, wenig Zitronensaft, Basilicum, Salbei, Paprika, Frugola und 1 Knoblauchzehe (ausgepreßt):

Man dämpft die feingeschnittene Zwiebel mit Öl hellgelb, fügt die zerkleinerten Tomaten bei und später $\frac{1}{2}$ Liter Wasser oder so viel, wie man benötigt. Man würzt mit den angegebenen Zutaten, am besten im Mixer o. ä.

Diese Tunke ist vorzüglich zu gekochtem Huhn oder gedämpftem Fisch.

3. Butter-Tunke

Zu 50 g Butter füge man unter Schlagen nacheinander 3 Eigelb, Salz, Zitronensaft und 50 g heißes Wasser hinzu, koche im Wasserbad unter stetem Rühren.

4. Pikante Tunke

Zwiebeln, Karotten, Zitronengurken, 1 Eßlöffel Kapern, Pilze, 1 Eßlöffel Fett und ca. 50 g Büchsenmilch, etwas Sellerie und Zitronensaft:
Die angebratenen gedünsteten Zutaten werden sämig gekocht und durchgesiebt. Dann wird die Tunke mit Rahm und Cenovis abgeschmeckt.

5. Paprika-Tunke

2 große grüne Paprikaschoten, 1 Zehe Knoblauch, 1 Eßlöffel Olivenöl, 1 Teelöffel Butter, 3 Tomaten oder 1 Eßlöffel Tomatenmark, etwas Zitronensaft:
Die Paprikaschoten wie üblich vorbehandeln, in feine Streifen schneiden und in Öl andünsten. Man füge die anderen Zutaten hinzu und lasse die Tunke 1 Stunde ziehen und schmecke mit Zitronensaft und Selleriesalz ab.

6. Holländische Tunke

50 g Butter, 1 Eßlöffel Mehl, 2 Eigelb und Gemüsebrühe:
In die zerlassene Butter rührt man das Mehl, füllt auf und schmeckt mit Salz und Frugola ab, nimmt vom Feuer und gibt die Eigelbe mit dem Schneebesen darunter.

7. Mayonnaise

a) *2 Eßlöffel Olivenöl, Saft einer Zitrone, 2 rohe Eigelb, etwas Meeressalz:*
Alle Zutaten müssen gut gekühlt sein. Man verrührt Eigelb und Meeressalz und fügt tropfenweise Öl und Zitronensaft bei. Die Mayonnaise wird durch Zugabe von Bioghurt verfeinert und verlängert; sie muß kühl gestellt werden.

b) *5 Eßlöffel Olivenöl, 5 Eigelb, Saft einer Zitrone, etwas Meeressalz, 5 Eßlöffel Wasser:*
Alle Zutaten verrührt man, schlägt sie bis die Masse dicklich ist und stellt sie bis zum Gebrauch in den Kühlschrank.

Man kann sie je nach Belieben durch verschiedene Zutaten
verändern, zum Beispiel durch Paprika und Tomatenpüree
oder gewiegte Kräuter.

VI. Gemüse

1. Gedämpfte Gurken

Eine Gurke, etwas Öl, Zwiebeln, Meeressalz und Frugola:
Man schält die Gurke, schneidet sie in große Würfel und dünstet sie zusammen mit Öl und Zwiebeln, übergießt sie mit
wenig Wasser, läßt die Gurkenstücke weich dünsten und
würzt mit Meeressalz und Frugola.

2. Gebackener Blumenkohl

Einen Blumenkohl zerteilt man in Röschen, kocht diese halb
gar, paniert sie in Sojamehl, das man vorher mit Wasser ange-
rührt hat, und backt sie in Öl.

3. Gemüse-Sülze

Gemüsestücke legt man in eine mit Öl ausgestrichene Jenaer-
Glasform, übergießt sie mit der mit Zitrone gewürzten und mit
Gelatine gedickten Gemüsebrühe und stellt sie kalt. Man kann
die Sülze stürzen oder in Stücke schneiden.

4. Schwarzwurzeln mit Rahm

a) Man kocht die geschnittenen Schwarzwurzeln in Wasser,
   gibt sie auf ein Sieb und läßt sie abtropfen.
   Dann erwärmt man süßen Rahm, gibt die Schwarzwurzeln
   hinein und läßt sie langsam ziehen. Von der Schwarzwur-
   zelbrühe kocht man eine Suppe.

b) Man dämpft die vorbereiteten Schwarzwurzeln in Butter,
   füllt mit wenig Wasser, dann mit Sahne auf und läßt die
   Schwarzwurzeln weich kochen.

c) Man kann von beiden Arten auch einen Auflauf unter Zugabe von Eigelb herrichten.

Zu den Gewürzen ist folgendes zu sagen:

Zweckmäßiger als reines Kochsalz ist zum Würzen das Selleriesalz, das nur 6 % Kochsalzgehalt hat. Alle Speisen können durch einheimische und ausländische Gewürzkräuter erheblich verbessert werden. Zu den gebräuchlichsten einheimischen Kräutern zählen: Basilikum, Beifuß, Bohnenkraut, Borretsch, Dill, Estragon, Fenchel, Kerbel, Knoblauch, Kümmel, Lavendel, Lauch, Majoran, Petersilie, Pfefferminze, Pimpinelle, Salbei, Schnittlauch, Sellerie, Thymian, Wermut und Zwiebeln. Von den ausländischen Gewürzen nehmen wir meist: Curry, Muskatblüte, Nelken, Paprika, Cardamom und Zimt.

Auch Wildkräuter stehen uns zur Verfügung:

Brennessel, Brunnenkresse, Löwenzahn, Sauerampfer, Schafgarbe.

Besser ist es, Wildkräuter ohne andere Gewürze zu verwenden.

VII. Brotaufstriche

1. Kochkäse aus Quark

1 Pfund trockenen Quark, 25 g Butter*), 1 Teelöffel Kümmel, $^1/_2$ Liter süße Sahne:
Den Quark läßt man zugedeckt eine Woche im Topf und rührt ihn jeden Tag um. Dann gibt man ihn mit der Butter*) in den heißen Rahm, gibt den Kümmel dazu und rührt ihn, bis er glatt ist.

2. Butter mit Kräutern vermischt

Man wiegt verschiedene Küchenkräuter fein, löst wenig Frugola in Tomatensaft auf und vermischt alles langsam mit warm-

---

*) Statt Butter nimmt man besser naturbelassene Pflanzenfette (Eden, Vitaquell, Jungborn, Reform-Pflanzen-Fettkost u. ä.).

gestellter Butter*). Man stellt den Aufstrich bis zum Gebrauch kalt.

3. Butter mit Eigelb

Gekochtes Eigelb zerdrückt man, solange es noch warm ist, mit einer Gabel und gibt nach und nach Butter*) dazu und zuletzt feingewiegten Schnittlauch. Auch diesen Aufstrich kann man nach Belieben mit etwas Frugola würzen.

Zweck der Nahrung

Nährstoff	Funktion	enthalten in
Eiweiß	bildet neue Zellen	Fleisch, Fisch, Eiern, Käse, Nüssen, Milch
Stärkemehl	erzeugt Hitze und Energie	Gemüse, Getreide, Vollkornmehl
Zucker	erzeugt Hitze und Energie	süßen Früchten, Feigen, Datteln, Bananen und Rosinen
Fette	erzeugen Hitze und Energie	Tier und Pflanze
Mineralsalze	Bausteine des Körpers	frischem Gemüse und Früchten
Wasser	Lösungsmittel	frischem Gemüse und Früchten
Vitamine	aus der lateinischen Sprache vita = Leben	allen Nahrungsmitteln, besonders ungekochten

*) Statt Butter nimmt man besser naturbelassene Pflanzenfette (Eden, Vitaquell, Jungborn, Reform-Pflanzen-Fettkost u. ä.).

Merke:

1. Es wird geraten die Salate ohne Säure anzumachen, da sie dann besser bekommen. Man nehme Öl, Salz, Kräuter, eventuell Milch und Büchsenmilch für die Tunke.
2. Alle Rezepte sind für 4 bis 5 Personen gedacht.
3. Krebskranke sollten Fleisch durch Quark ersetzen, da sie meist Fleisch nicht mögen.
4. Zum Entgiften von Obst, Salat und Gemüse, zum Waschen und Kochen derselben, empfiehlt sich Biosmon aus dem Reformhaus.
5. Saures Obst sollte ab dem Mittagessen nicht mehr genossen werden.

Tabelle für die wöchentliche Verteilung von Basen-, Eiweiß- und Stärkemahlzeiten,

die dem Körper das Säure-Basen-Gleichgewicht sichern

Wochenplan für körperlich Arbeitende und Kinder

Montag	morgens	basenbildende Mahlzeit
	mittags	Eiweißmahlzeit
	abends	Stärkemahlzeit
Dienstag	morgens	basenbildende Mahlzeit
	mittags	Eiweißmahlzeit
	abends	Stärkemahlzeit
Mittwoch	morgens	Basenmahlzeit
	mittags	Eiweißmahlzeit
	abends	Stärkemahlzeit
Donnerstag	morgens	Basenmahlzeit
	mittags	Eiweißmahlzeit
	abends	Stärkemahlzeit
Freitag	morgens	Basenmahlzeit
	mittags	Eiweißmahlzeit
	abends	Stärkemahlzeit
Samstag	morgens	Basenmahlzeit
	mittags	Eiweißmahlzeit
	abends	Stärkemahlzeit
Sonntag	morgens	Basenmahlzeit
	mittags	Eiweißmahlzeit
	abends	Stärkemahlzeit

Wochenplan bei sitzender Lebensweise

Montag	morgens	basenbildende Mahlzeit
	mittags	Basenmahlzeit
	abends	Eiweißmahlzeit
Dienstag	morgens	Basenmahlzeit
	mittags	Basenmahlzeit
	abends	Stärkemahlzeit
Mittwoch	morgens	Basenmahlzeit
	mittags	Basenmahlzeit
	abends	Eiweißmahlzeit
Donnerstag	morgens	Basenmahlzeit
	mittags	Stärkemahlzeit
	abends	Basenmahlzeit
Freitag	morgens	Basenmahlzeit
	mittags	Basenmahlzeit
	abends	Eiweißmahlzeit
Samstag	morgens	Basenmahlzeit
	mittags	Stärkemahlzeit
	abends	Basenmahlzeit
Sonntag	morgens	Basenmahlzeit
	mittags	Eiweißmahlzeit
	abends	Basenmahlzeit

Soweit gibt HAY diese Aufstellung. Wir haben als am besten erprobt:

morgens	Obst und Milch mit Leinsamen oder Müsli aus 1—2 Eßl. Quark, heiße Milch, 1 geriebener Apfel, 1 Eßl. Öl.
mittags	Eiweißmahlzeit
abends	Kohlehydratmahlzeit mit Lubigs Lactosebrot (Reformhaus). Die letzte Mahlzeit spätestens um 18 Uhr. Dazu grünen Salat.

Mit der Trenn-Kost geheilte Fälle

*Wie sich die Haysche Trenn-Kost in der Praxis auswirkt,
zeigen die folgenden Krankengeschichten:*

Fall 1. Nierenentzündung: 1939 versuchte ich mit Saftfasten und
Bircher-Ernährung eine rheumatische Nephrose mit beginnender
Schrumpfniere bei einem 9jährigen Jungen, dem Sohn einer meiner
Freunde, zu heilen, was mißlang. Nach dem Saftfasten fiel zwar das
Eiweiß, um aber bei Bircher-Vollkost sofort wieder anzusteigen.

Eine Saft-Fastenkur von mehr als 6 Wochen glaubte ich bei einem 9jährigen Jungen nicht verantworten zu können und übergab
daher das Kind Prof. Volhard, der auf diesem Gebiet als Kapazität
galt. Nach der Entfernung der Mandeln trat ebenfalls keine Besserung ein. Volhard hielt das Kind für verloren und machte einen
letzten Versuch in Heluan (Ägypten). Das Kind erreichte aber
durch die Hitze weder eine bessere Harnausscheidung, noch senkte
sich das Eiweiß, im Gegenteil, es stieg auf 20 ‰ an, und im gleichen
Maße sank die Harnausscheidung. Das Herz bedurfte bereits
Strophantin-Spritzen; *Rinderserum* und *Glykokoll*, die nach Heluan gesandt wurden, nahmen dem Kind völlig den Appetit und
versagten in ihrer Wirkung, die trotz $^1\!/_2$jährigem Aufenthalt in
Ägypten ausblieb.

- 1939 lernte meine Frau durch eine amerikanische Verwandte die
Ernährung nach Howard Hay kennen. Hay begann infolge seiner
eigenen Nierenerkrankung ein neues Denken über richtige Ernährung und heilte damit tatsächlich seine Brightsche Nierenerkrankung. Meine Frau übersetzte sein Werk ins Deutsche, und wir beschlossen, das inzwischen aus Afrika zurückgekehrte Kind mit der
Hayschen Trenn-Kost zu behandeln.

Erstaunliches geschah: Das Eiweiß fiel bereits nach der ersten
Mahlzeit um die Hälfte. Danach fiel es langsamer, aber in dem
Maße, wie es fiel, stieg die Urinausscheidung ohne Zugabe auch nur
eines einzigen Medikamentes an. Da die Ernährung nach Hay mit
ihrem Reichtum an Obst und Gemüse im Kriege in Deutschland
nicht durchführbar war, wurde der Junge nach Davos gegeben. Als
auch Volhard einen Teil seiner Patienten in Davos nach meinen
Angaben ernähren ließ, wurden die Devisen vom Reich genehmigt.
Der Junge kehrte als 19jähriger guter Sportler und Skiläufer aus der
Schweiz gesund in die Heimat zurück.

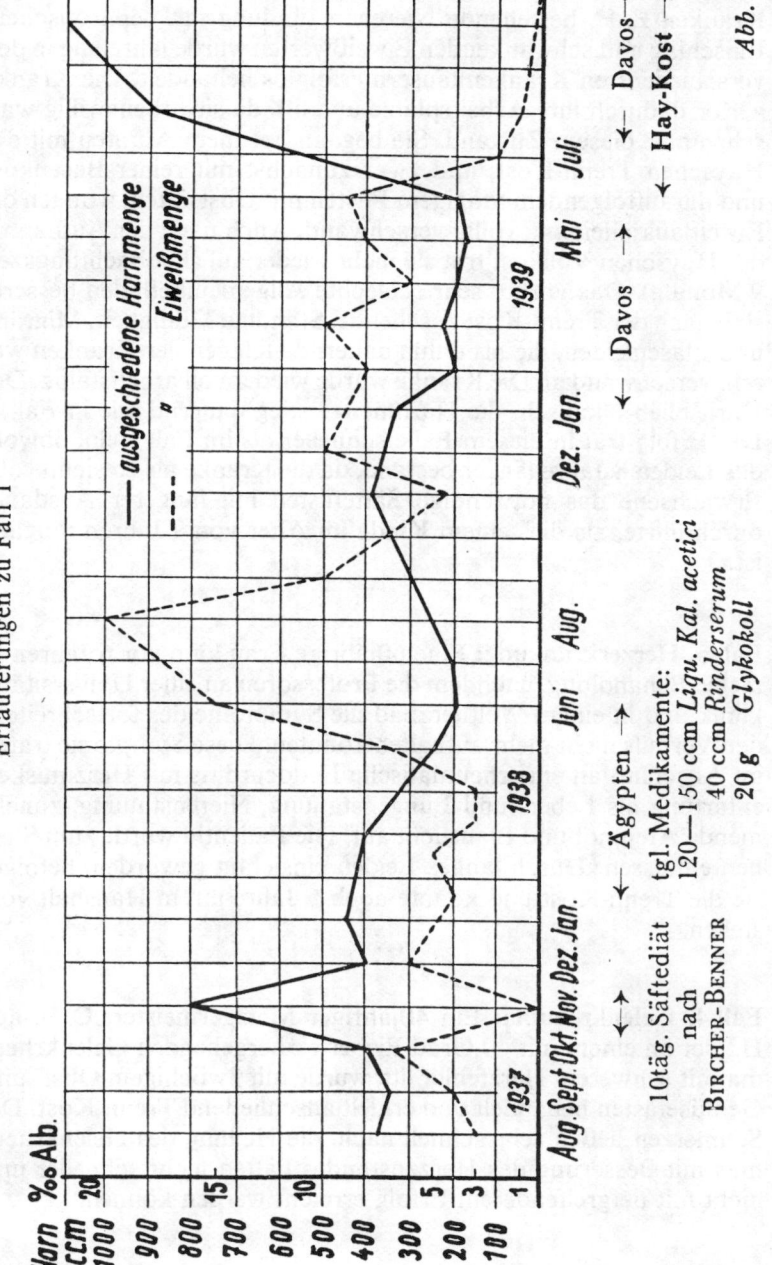

Erläuterungen zu Fall 1

Abb. 1

Fall 2. Nierenentzündung: Die seit 10 Jahren bei der 32jährigen Kranken E. H. bestehende Nierenentzündung mit nephrotischem Einschlag und schwankenden Eiweißwerten wurde jahrelang in den verschiedensten Krankenhäusern erfolglos behandelt. Die Kranke verlor dadurch ihre Arbeitsplätze und litt, da sie arbeitswillig war, sehr unter diesem Zustand. Sie begann auf mein Anraten mit der Hayschen Trenn-Kost, und zwar zunächst mit reiner Basenkost und darauffolgendem 5tägigem Fasten mit Obstsäften, wonach die Eiweißausscheidung völlig verschwand. Auch nach der Aufnahme der Hayschen Vollkost trat sie nicht wieder auf (Beobachtungszeit 9 Monate). Das vorher sehr schlechte Allgemeinbefinden besserte sich nach der Trenn-Kost zusehends. Ständige Müdigkeit, Migräne und Blasenleiden, die bis dahin dauernde Klagen der Kranken waren, verschwanden. Die Kranke wurde wieder voll arbeitsfähig. Der Harn blieb alkalisch, die Harnmenge stieg dauernd wie in Fall 1. Der Erfolg trat in diesem Falle schneller als im Fall 1 ein, obwohl das Leiden 8 Jahre länger bestand, da die Kranke als einsichtsvolle Erwachsene das notwendige Säftefasten mit längerer Ausdauer durchführte, als dies einem Kinde im Alter von 9 Jahren möglich ist.

Fall 3. Herzerkrankung: Eine 60jährige Frau kam vor 6 Jahren in meine Behandlung, nachdem die Professoren an einer Universitätsklinik und in einem Weltherzbad die Symptome des fortschreitenden Verfalls nicht mehr aufhalten konnten. Diese Symptome traten im Anschluß an eine rheumatische Endocarditis mit Herzmuskelentartung als Leber- und Lungenstauung, Nierenstauung, zunehmende Atemnot und Blausucht auf. Die Patientin wurde zum Sterben entlassen. Durch langes Leiden einsichtig geworden, befolgte sie die Trenn-Kost und konnte noch 6 Jahre ihrem Haushalt vorstehen.

Fall 4. Gelenkrheuma: Ein 40jähriger Metzgermeister, C. B. aus H., der an einem mit 40 Grad Fieber einhergehenden Gelenkrheuma mit schwerem Herzfehler litt, wurde mit 3wöchigem Obst- und Gemüsefasten behandelt und erhielt anschließend Trenn-Kost. Die Schmerzen ließen sehr schnell nach, die Heilung des Gelenkrheumas mit Besserung des Herzzustandes hätten nicht schneller und nicht mit tiefgreifenderem Erfolg erreicht werden können.

Fall 5. Tachycardie und Kreislaufstörungen: Eine Patientin, die an erheblichen Kreislaufschäden mit Durchblutungsstörungen litt, die Ausfallserscheinungen aufwiesen und mit immer stärker werdenden Anfällen von Tachycardie einhergingen, wurde mit 3tägigem Obstfasten, Abführen mit *Bittersalz* und Klistieren behandelt. Danach wurde mit Trenn-Kost nach HAY weiterbehandelt, und die an Gallensteinen leidende Patientin, die über eine abnorme Blähsucht klagte, wurde auch in dieser Hinsicht zum ersten Male beschwerdefrei. Die Herzanfälle traten nicht mehr auf. Die Patientin wurde wieder voll leistungsfähig.

Fall 6. Diabetes: Ein 57jähriger Diabetiker war seit 6 Jahren mit *Insulin* und anderen Präparaten behandelt worden. Die Urinzuckerwerte schwankten zwischen 0,5 % und 6 %. Der Blutzucker wies entsprechend hohe Werte auf. Nach $5^1/_2$jähriger vergeblicher Behandlung mit Diät und Insulin-Gaben begann ich, die Trenn-Kost anzuwenden. Nach 2monatiger Behandlung mit Trenn-Kost wurde der Urin zuckerfrei und die Blutzuckerwerte waren normal. Nach einjähriger Beobachtungszeit ist kein Zucker mehr aufgetreten. Bei der Trenn-Kost gab ich statt 7 Basenmahlzeiten 10 in der Woche, bis der Patient zuckerfrei war.

Fall 7. Diabetes mit Insulin-Gaben: Selbst Diabetiker, die auf 80 bis 90 E *Insulin* täglich eingestellt waren, behandelte ich nach der gleichen Vorschrift, nämlich die Nahrung nicht abzuwiegen, sondern nur im Sinne HAYS zu trennen. Die Insulin-Gaben konnten sehr bald nach dieser Behandlung verringert werden. In unserer Klinik wurde ein Schema erprobt, wonach die Insulinmengen gesenkt wurden und der Patient sie nach dieser Einstellung auch zu Hause weiterhin senken konnte. Der Blutzucker, der früher trotz Abwiegens der Nahrung meist sehr hohe Werte aufwies, sank auf Werte ab, bei denen die Patienten genasen.

Fall 8. Tuberkulose: K. Sch. aus H. stand lange Jahre unter Aufsicht der Gesundheitsbehörde wegen ihrer Lungentuberkulose. Darüber hinaus erkrankte sie an einem akuten Gelenkrheuma. In hochfieberhaftem Zustand mit unerträglichen Schmerzen kam sie in meine Behandlung. Ich setzte sie auf eine 5wöchige Fastenkur mit Obst- und Gemüsesäften und verordnete für die Dauer der

ersten 3 Tage Abführen durch *Bittersalz* und Klistiere. Daraufhin
ließen die Schmerzen sehr bald nach, und der weitere Verlauf ent-
sprach dem oben erwähnten Fall von Gelenkrheuma. Über-
raschend und erfreulich war, daß bei der nächsten lungenfach-
ärztlichen Untersuchung festgestellt werden konnte, daß der
tuberkulöse Lungenprozeß abgeheilt war. Auch die nächsten rönt-
genologischen Kontrollen ergaben den gleichen Befund.

Fall 9. Magen- und Darmstörungen: Bei einem Zahnarzt bestanden sei 10 Jahren Durchfälle. Bei einer internistischen Behandlung
traten dann abwechselnd Verstopfung und wieder Durchfälle auf,
wobei die Magensaftuntersuchungen eine Anacidität ergaben. Keine der verordneten Diäten brachte dauernde Heilung. Nach Durchführung der Hayschen Trenn-Kost regulierte sich die Darmträg-
heit, und Störungen traten nicht mehr auf. (Beobachtung über
1 Jahr). Die allgemeine Mattigkeit schwand, und das Leistungsvermögen stieg erheblich.

Fall 10. Ekzem: Eine 32jährige Patientin erkrankte nach einer
Beinamputation an einem hartnäckigen, über den ganzen Stumpf
ausgedehnten Ekzem und wurde jahrelang erfolglos behandelt. Die
Kranke war arbeitsunfähig, da sie die Prothese nicht tragen konnte,
und litt als Folge davon an Depressionen. Nach Durchführung der
Trenn-Kost heilte das Ekzem in wenigen Wochen ab, so daß die Patientin ihre Prothese wieder tragen konnte, und ihre Depression
verlor.

Fall 11. Asthma: Schweres Asthma bei einer 30jährigen Frau ging
seit 2 Jahren mit besonders schweren nächtlichen Anfällen mit Ein-
schlafen der Hände und Gefühllosigkeit der Beine einher. Eine Kur
in einer Spezialklinik für Asthma und ein mehrwöchiger Kranken-
hausaufenthalt mit einer Vielzahl von angewendeten Medikamenten verschlimmerten das Leiden der Patientin. Der Ehemann dach-
te ernstlich daran, seine Versetzung in ein anderes Klima zu veran-
lassen, da man darauf die einzige Hoffnung setzte. Die Behandlung
leitete ich mit einer 3tägigen Obstfastenkur ein, so wie sie zuvor be-
schrieben wurde, mit täglichem Abführen durch *Bittersalz* und Klistiere. Zusätzlich habe ich mit dem CROONschen Gerät behandelt.
Die Asthmaanfälle ließen daraufhin sofort nach, hörten bei Tage
während des Fastens auf und wurden auch nachts schwächer. Solange sie nachts nicht aufhörten, wurde *Asthmolysin* weitergege-

ben, was aber auch nach 3 Tagen wieder abgesetzt werden konnte, da die Anfälle erträglicher wurden. Vom 4. Tag an begann ich mit der Hayschen Trenn-Kost und behandelte mit dem CROONschen Gerät weiter.

Das Zusammenwirken dieser beiden Heilfaktoren erreichte, daß die Anfälle vom 10. Tage an völlig aufhörten. Nach 18 Perduktionen ergab das Somagramm noch keine normale Kurve, aber das Allgemeinbefinden war das einer Gesunden. Die Frau hatte Appetit, sie konnte seit Jahren zum ersten Male wieder durchatmen und konnte nach 4 Wochen mit Gewichtszunahme entlassen werden.

Fall 12. Acetonämisches Erbrechen: Ein 4jähriger Junge erkrankte an acetonämischem Erbrechen, das unstillbar wurde und schließlich so stark war, daß das ganze Zimmer nach Aceton roch. Die Therapie erfolgte wie in den anderen Fällen mit Einläufen und Abführmitteln, mit Gaben von Obstsäften, einem Salzwasserbad und Beruhigungszäpfchen. Als das Erbrechen trotzdem nicht aufhörte, gab ich dem Jungen 3 Eiweißmahlzeiten nach HAY. Darauf ließ das Erbrechen nach, und ich konnte am nächsten Tag eine Basen-, eine Eiweiß- und eine Stärkemahlzeit verordnen, außerdem *Lactocymat* von LUBIG. Da noch mehrere Kinder in der Familie waren, die häufig über Darmstörungen klagten, belehrte ich die Mutter über die einfachen Grundsätze der Trenn-Kost, die sie nun bei den anderen Kindern mit ebenfalls gutem Erfolg durchführt.

Fall 13. Inoperabler Magenkrebs: Bei einem 30jährigen Mann wurde in einer Universitätsklinik bei einer Eröffnung der Bauchhöhle ein inoperabler Magenkrebs festgestellt. Es bestanden Verwachsungen des Tumors mit der Bauchspeicheldrüse und Tochtergeschwulstbildungen längs der Aorta. Es konnte weder eine Radikalnoch eine Behelfsoperation durchgeführt werden. Der Patient mußte in hoffnungslosem Zustand aus der Klinik entlassen werden. Man hatte den Angehörigen mitgeteilt, daß er nur noch einige Wochen zu leben habe. Als er in diesem Zustand völlig abgemagert zu mir kam, begann ich ihn mit gegen den Krebs wirkenden Mitteln, dem CROONschen Gerät, Sauerstoff und der Trenn-Kost zu behandeln. Nach $1/2$ Jahr erreichte ich eine Gewichtszunahme auf fast normale Werte und eine hervorragende Besserung des Allgemeinbefindens, so daß der Mann wieder arbeitsfähig wurde. BSG 65/ 113, nach 4 Monaten BSG 20/53, Gewicht 5 kg mehr.

Weil der Mann gegen ärztlichen Rat seine Arbeit wieder aufnahm, stieg bald danach die Blutsenkungsgeschwindigkeit, und das Allgemeinbefinden verschlechterte sich. Der Patient lebte mit den von mir verordneten Mitteln trotzdem noch etwa 8 Monate in erträglichem Zustand. Dieser Fall zeigte zwar keine Heilung von Krebs, aber immerhin, welche Möglichkeiten selbst bei diesem hoffnungslosen Fall noch bestanden, und welche Möglichkeiten dann auch für die Vorbeugung einer so schweren Krankheit gegeben sind.

Dieser Fall zeigt, daß mit der Trenn-Kost kein Heilmittel gegen den Krebs gegeben ist, wohl aber, daß eine Besserung des Allgemeinzustandes erreicht werden kann. Das Säure-Basen-Gleichgewicht, das durch die Trenn-Kost angestrebt wird, bewirkt eine bessere Funktionstüchtigkeit des Zellorganismus und damit des gesamten Körperhaushaltes.

Warum sind nur Mittel zur Behandlung des Krebses bekannt und keine zur Vorbeugung? Die Frage ist leicht zu beantworten:
1. gibt es außer dem CROONSchen Gerät keine Möglichkeit, die Gesamtsituation des Körpers anschaulich darzustellen.
2. gibt es keine 100%ige Krebsfrühdiagnose.
3. wurde bisher wenig für die Krebsprophylaxe getan. Wir verweisen auf den Sonderdruck des Verfassers „Kritische Beobachtungen in der Anwendung des Bamfolins im Hinblick auf eine mögliche Krebsprophylaxe", der kostenlos über die Klinik Dr. Walb zu beziehen ist.

Erfolg der Trenn-Kost bei Diabetes

Dieser Leserbrief erschien 1958 auf eine Besprechung des Buches von Dr. Walb „Die Haysche Trenn-Kost" im „Industriekurier" in Düsseldorf.

Als seit 6 Jahren von einem äußerst komplizierten Diabetes mellitus geplagter Patient, bei dem jeder Einstellungsversuch trotz wiederholter stationärer Behandlung fehlgeschlagen ist und der dadurch empfindliche berufliche Einbußen mit den begleitenden wirtschaftlichen Verlusten erlitten hat, stürzte ich mich begreiflicherweise mit Eifer auf KNOCHES Artikel (in Nr. 122, S. 12, v. 10. 8. 1957 und Nr. 142, S. 13, v. 14. 9. 1957), beschaffte mir die darin angegebene Literatur, soweit nicht vergriffen, und begann mit der Trenn-Kost Mitte Oktober. Nach etwa 4 Monaten möchte ich über meinen meine Ärzte sprachlos machenden Erfolg berichten: Blutzucker von rund 350 mg% auf 100 (normal 80—120); Harnzucker von 6 bis 8 % und täglicher Ausscheidung bis 120 g = 30—40 % der KH-Zufuhr unter 1 % bis 0; Harnmenge von 6 bis 7 Liter unter 2 l;

Gewichtzunahme wöchentlich 1 bis 2 Pfund,

das heißt also insgesamt 12 Pfund, vorangegangene Gewichtsabnahme 40 Pfund; die Erregungszustände bei Blutüberzucker, die mich zu Ekrasit und zum Schrecken meiner Umgebung machten und mir unendliche psychische Qualen verursachten, sind fast völlig entschwunden, mein Gemüt ist heiter und ausgeglichen, mein Humor ist wiedergekehrt, ich fühle Lebenslust, körperliche Wärme und Kraft sowie ein meine Jugendzeiten übersteigendes geistiges Leistungsvermögen. Medikamente: von täglich 50 Einheiten *Alt-Insulin (Depot-Insuline* waren sämtlich, auch das dänische *Novolente,* für mich unbrauchbar, weil sie zu schleichenden Dauerschocks führten) auf null oder 4 bis 8 Einheiten zu gelegentlicher Stützung, Nadisan-Tabletten auf 2 bis 3 von 3 bis 4, auch gelegentlich 5. Entzündung der Mundschleimhäute ist verschwunden, Sicht wieder (alters-) normal; ich bin 55. Verdauung normalisiert und ohne Purgationsmittel; Gasbauch, Oberbauch- und Leberbeschwerden verschwunden. Nahrungsmittelmengen unbegrenzt, aber statisch fixiert. Kohlehydratezufuhr 350—500 KH täglich. Quälender Hunger läßt aber nach, und seit einigen Wochen komme ich tatsächlich mit 3 Mahlzeiten aus, wobei sich aber immer noch die Gewichtszunahme fortsetzt, was ja anhalten soll, bis sich das neue konstitutionell bedingte Gewicht einstellt. Eiweiß- und Fettzufuhr stellte sich auf die Riesenmenge von 200 bis 250 g täglich, sinkt jetzt aber auch ab. Mein Pankreon-Bedarf, weil gleichzeitig eine Pankreasinsuffizienz vorliegt, ist bereits um 30 % gesunken. Im ganzen schmeckt mir

am besten ganz einfache Kost.

Ehemals ein großer Fleischesser, genügen mir jetzt einmal wöchentlich 150 g. Wurst esse ich überhaupt nicht mehr, habe dafür in meinem Trenn-Kost-Plan auch gar keinen Raum mehr. Aber nun werde ich aufhören, sonst hält man mich für einen Dithyrambiker. Erwähnen möchte ich nur noch, daß ich, soweit möglich, den Harn täglich sammle und den Zuckergehalt mit Hilfe des ausgezeichneten englischen Präparates „Clinitest" bestimme, das in allen Apotheken erhältlich, leider auch ziemlich teuer ist, weil es ein deutsches Erzeugnis dieser Art noch nicht gibt. Ob ich den bisher als unheilbar geltenden Diabetes zur Ausheilung bringen werde, weiß ich nicht, obgleich der in mir vorgehende, fast revolutionäre Prozeß noch nicht abgeschlossen ist und daher mir selbst diese vermessene Hoffnung noch gestattet. Auf alle Fälle bleibe ich aber bei der Trenn-Kost, und zwar nicht nur wegen der diabetischen Erfolge, sondern ebensosehr wegen des unglaublich gesteigerten allgemeinen Wohlbefindens. Ich kann mir durchaus denken, daß die Trenn-Kost

die Ernährungsweise der Zukunft

werden kann, insbesondere für ältere Menschen, auch wenn sie noch „gesund" sind.

Die Diabetiker unter Ihren Lesern werden Ihnen dankbar sein, wenn Sie diese Zuschrift möglichst unverkürzt veröffentlichen; denn sie werden Legion sein.

Der Diabetes grassiert wie eine Volksseuche; beinahe monatlich offenbart sich mir ein Bekannter oder Verwandter als Neu-Diabetiker. Eine amtliche Statistik gibt es nicht, weil diese Krankheit nicht meldepflichtig ist. Vorsichtige und fundierte Schätzungen gehen auf 400 000 bis auf 500 000 im Bundesgebiet; über 10 000 in Westberlin und entsprechend viel in Ostberlin und in der Zone, obgleich dort die Ernährung weniger üppig als im Westen ist. (Übrigens war auch Nuschke Diabetiker und ist den „normalen" Diabetikertod gestorben, nämlich den Herztod).

Und nun zum Wichtigsten: zum Dank an Sie und Dr. KNOCHE für die Publikation der Trenn-Kost-Artikel, wofür es mir, wie Sie begreifen werden, an Worten, die mir sonst geläufig zu Gebote stehen, diesmal fehlt.

Man muß so schrecklich gelitten haben wie ich, um sich von meinen Gefühlen eine Vorstellung machen zu können. Seit Jahren nur noch in Gedanken an das „Suicidum" und nun: die Erde hat mich wieder! In Gedanken habe ich tausendmal diesen Brief an Sie geschrieben, wollte aber immer noch prüfen; denn ich bin selbstkritisches Arbeiten gewöhnt. Nun aber steht der Teilerfolg doch fest, und der ist so groß, daß ich bereit wäre, mich mit ihm zu begnügen. *K. K. Berlin*

Dieser Fall ist ein Beispiel für viele. Es ist daran zu erkennen, daß ein geschädigter Organismus innerhalb einer Mahlzeit nur ein konzentriertes Nahrungsmittel leichter verdauen kann. Durch die erleichterte Verdauungsarbeit kann sich das erkrankte Organ erholen. Das beweisen auch andere, mit der Trenn-Kost erfolgreich behandelte Krankheitsfälle.

Einen Beweis für die Richtigkeit der HAYschen Auffassung liefern vorzüglich die Nieren- und Zuckerkranken, deren Ausscheidungen meßbar durch Trenn-Kost gebessert werden. In unserer Privatklinik war die Tatsache jedenfalls eindeutig feststellbar. Wir konnten die Behauptungen HAYS, die sich ihm an Tausenden von Fällen bewiesen haben, bestätigen.

Nach 6jähriger klinischer und 20jähriger ambulanter Behandlungzeit konnten wir feststellen, daß von 98 klinisch aufgegebenen Nierenfällen nur 18 % starben, aber 80 % in unserer Klinik geheilt oder beachtlich gebessert werden konnten. Bei Diabetikern, die die Trenn-Kost einhielten, besserten sich die Laborwerte, sie brauchten weniger Insulin oder wurden im Laufe von Jahren frei davon. Die Wirkung der Trenn-Kost auch auf andere Fälle, ähnlich den zuvor beschriebenen, blieb nach wie vor die gleiche. Diese unsere klinischen Beobachtungen wurden durch zahlreiche Briefe ergänzt, die von gleich guten Erfahrungen mit der Trenn-Kost berichteten.

Ergebnis einer wissenschaftlichen Prüfung der Trenn-Kost

1. Die Herren Dr. med. Otto HAUSWIRTH, Facharzt für physikalische Medizin in Wien, und Prof. Dr. Ing. Franz KRACMAR, Wien, berichten in der Zeitschrift „Erfahrungsheilkunde" 1959, Heft 5, S. 205—208, über ihre Untersuchungen. Sie kommen zu folgender Deutung des Wirkungsmechanismus der HAYschen Trenn-Kost:

    1. Kohlehydrate und Fett bzw. Eiweiß-Stoffe und Fett geben jeweils für sich positive bioelektrische Potentiale.

    2. Mischt man Kohlehydrate und Eiweiß-Stoffe, so ergeben sich weit höhere positive Potentiale, da sich die gleichnamigen Potentiale der beiden Nahrungsstoffe addieren.

Diese schädliche „Überpositivierung" wird durch die Trenn-Kost nach HAY verhindert. Weitere Vorzüge für die Trenn-Kost.

2. Der Internist REINSTEIN bestätigt in seinem ausgezeichneten Buch — Der kranke Darm — ebenfalls die gute Wirkung der Trenn-Kost.

3. Nach FORSGREN würde die Trenn-Kost dem biologischen Leberrhythmus entsprechen, indem mittags die Eiweißmahlzeit und nachmittags die Kohlehydratmahlzeit eingenommen wird.

4. Nachweis des Säure-Blasen-Gleichgewichts bei Durchführung der Trenn-Kost mit der Sander-Methode (BIEDERMANN-RUMMLER). Schaffung des Säure-Blasen-Gleichgewichts durch Trenn-Kost.

5. Bessere Stoffwechsellage bei Trenn-Kost im Kohlensäurediagramm nach van SLYKE.

6. ZABEL bestätigte durch ·Stoffwechselversuche, daß die Trenn-Kost eine restlosere Verdauung aufweist, selbst der Zellulose.

7. Berufssportler bestätigten, daß bei Trenn-Kost die Leistungsfähigkeit zunimmt und die Erholungsphasen kürzer werden.

8. Die Ermüdung nach der Mahlzeit nimmt ab.

9. Die beste Entwässerung aller mir bekannten Kostformen und dadurch Entlastung von Nieren, Herz, Leber und Kreislauf.

10. Verbesserung der Laborwerte bei Nieren. . . und Diabetes besonders deutlich erkennbar.

11. Normalisierung des Gewichtes.

12. Herzmittel, auch andere Medikamente, sind bei Trenn-Kost wirksamer.

Anmerkung: Die Nahrungsmitteltabelle nach HAY wurde zwar wörtlich übersetzt und gedruckt, **aber es muß betont werden, daß jede Form von Schweinefleisch (auch Speck) in der Diätetik vermieden werden sollte.**

Auszug aus dem Vortrag:

Die Haysche Trenn-Kost

vorgetragen auf dem 32. Kongreß der Ärzte für

Naturheilverfahren in Freudenstadt, vom 11. bis 18. März 1967

von H. L. WALB

Nach HOLTMEIER stirbt heute über ein Drittel der Bevölkerung an Erkrankungen, die von der Ernährung beeinflußt werden. In den hochentwickelten Industrieländern sind die ernährungsbedingten Krankheiten wie Übergewicht, Herzinfarkte, erhöhter Blutdruck, Arteriosklerose usw. seit Beginn der Jahrhundertwende stark angestiegen. Die seuchenhaften Erkrankungen spielen gegenüber früheren Zeiten kaum noch eine Rolle. Dafür sterben die Menschen heute an Krankheiten, von denen man früher nicht sprach, und die meisten alten Menschen sterben an Gefäßkrankheiten, die heute als Seuche der Zivilisation bezeichnet werden.

In dem Buche „Wo stehen wir heute" sagt Frank THIES folgendes: „Über die Zunahme der Entartungskrankheiten wissen die Ärzte zu berichten: falsche Ernährung, wertlose Speisen, Verweichlichung des Körpers, Spirituosen, Drogen, chemische Hilfsmittel zur Aufputschung der Energie, Mangel an Sauerstoff, fehlende Abhärtung, man wandert nicht mehr, man fährt. Die Lebensgewohnheiten des modernen Menschen haben sich den durch die Technik geschaffenen Bequemlichkeiten angeglichen und einen wahren Glaubensfanatismus an das Künstliche, Synthetische, Erfundene und Erdachte erzeugt. Die Verkünstlichung unserer Existenz dürfte schwer zu überbieten sein, dennoch wird man wahrscheinlich versuchen, sie noch weiter überbieten zu wollen, weil alles dahin drängt, der Natur zu beweisen, daß sie unrentabel und mit geringem Nutzeffekt arbeitet. Während es also einerseits gelang, gefährliche Epidemien zu beherrschen, sterben heute zahllose Menschen unseres Volkes bereits im besten und leistungsfähigsten Alter an Herzinfarkten und Bluthochdruck als Folge übermäßiger und falscher Ernährung."

Das Bemühen, vorsichtiger zu leben, läßt sich an einer statistischen Feststellung der „Deutschen Gesellschaft für Ernährung" erkennen, die die Zahl der nach Diät lebenden Bürger mit ca. 23 % angab. 20 % der Schulkinder sind zu dick, anfällig gegen Erkältungskrankheiten und haben Haltungsschäden. Rechnet man zu diesen Diäten, die wohl nur durch die Steuerbegünstigung erkennbar sind, noch 15 % verschwiegene Diätetiker dazu, dann dürften gut ein Drittel schon Diätversuche unternehmen. Die internationalen Möglichkeiten, essen zu können, was erreichbar ist und was gut schmeckt, verführen eher zu einem üppigen als zu einem eingeschränkten Essen. Erst durch Notwendigkeit und ärztliche Ratschläge wird eine Diät eingenommen, die man vielleicht zuvor belächelte.

Die Ärzte ihrerseits, die bis dahin oft wenig mit Diät zu tun hatten und sich nur oberflächlich damit befaßten, kommen nicht mehr umhin, ihre eigene oder die Ernährung ihrer Patienten zu korrigieren. Die Vielzahl der Diätformen ist verwirrend. Es gibt heute immerhin so viele Diäten wie Organe und Erkrankungen. So bleibt auch dem Arzt nichts anderes übrig, als sich mit der Korrektur der allgemein üblichen Vollkost zu befassen, sei es nun prophylaktisch oder zu Heilmaßnahmen. Der hastige Mensch ißt meist zu viel, zu schwer, zu oft und zu schnell. Erwin BAELZ, der Leibarzt des japanischen Kaisers, berichtete, daß seine Rikschafahrer mit einer Handvoll Reis ihn spielend über Berge und Höhen ans Ziel brachten, während ihre Leistung sehr schnell nachließ, als er sie mit Fleisch ernährte. Er folgerte daraus, daß die Leistung weitgehend von der Ernährung abhängt.

Meerschweinchen, denen man die übliche Nahrung: Hafer, Karotten, Heu und Wasser nur gekocht verfütterte, gingen rasch zugrunde an Zahnfäule, Kieferverbiegung, Knochenerweichung und starben zum größten Teil an Krebs. Daraus ergab sich, daß auch ein großer Teil der Nahrung in ungekochter Form genossen werden muß.

1. Eine Ernährung und Diät muß also prinzipiell vollwertig sein, den Gesunden nicht überernähren und den Kranken nicht unterernähren.
2. Sie muß durch genügend ungekochtes Gemüse ergänzt sein, denn einseitige Kochkost führt zu Mangelerkrankungen.

Gerade der chronisch Kranke muß häufig eine Diät jahrelang durchhalten. Sie soll also den Kranken nicht schwächen, sondern ihm die Leistungsfähigkeit und Gesundheit nach Möglichkeit zurückbringen. Seine Diät müßte auch im Restaurant durchführbar sein und deshalb nicht zu sehr von der üblichen Kost abweichen.

Diesen Grundsätzen entspricht am meisten die Haysche Trenn-Kost. Stören wir längere Zeit das Säure-Basen-Gleichgewicht, entsteht eine Acidose oder Alkalose. SANDER stellte fest, daß alle schweren Erkrankungen von einer latenten Acidose begleitet sind. Diabetes mellitus, Rheuma, Arthritis usw. sind einige Beispiele dafür. HAY sagt: „Wir erkranken, weil wir nicht die natürliche Widerstandskraft gegen Säurerückstände, Bazillen und Nervenerschöpfung haben."

In allerjüngster Zeit haben amerikanische Forscher experimentell bewiesen, daß Stoffwechselfaktoren die antibakterielle Aktivität der Lungen hemmen.

Alle Vorgänge der humoralen Abwehr als auch der zellulären werden durch den Ernährungszustand des Gesamtorganismus entscheidend beeinflußt.

Siehe: Erläuterungen zum Säure-Basen-Haushalt (SBH) und zum Verständnis der Sander-Methode.

Die erste Stufe der Nutzbarmachung von Nahrungsmitteln, sowohl für die Energieproduktion als auch für andere Zwecke, besteht in einer hydrolytischen Spaltung der Makromoleküle des Nahrungsmittels zu kleinen Bausteinen. Proteine werden zu Aminosäuren, Kohlehydrate zu Hexosen, Fette zu Glyzerin und Fettsäuren, Nukleinsäuren zu den entsprechenden Basen, Pentosen und Phosphat abgebaut. Biologisch ausgedrückt werden die Nahrungsmittel durch die Verdauung löslich gemacht, eine Vorbedingung für die Resorption durch den Darm. Prozesse, die der Verdauung im Darm sehr ähnlich sind, kommen auch in den meisten Geweben vor, wenn Reservestoffe zur Energieproduktion mobilisiert werden oder wenn geschädigte Gewebe der „Autolyse" unterliegen. Die Verdauung wird durch die kombinierte Tätigkeit vieler spezifischer Enzyme bewirkt, von denen jedes einzelne die Hydrolyse einer Verbindung oder einer Anzahl eng verwandter Verbindungen besorgt. Bei langdauernden Ernährungsfehlern, und damit chronisch chemischen Reizen, kann das Epithel mit Atypien antworten.

Die Geschwindigkeiten aller Stoffwechselleistungen in der Zelle werden durch den Zellkern primär gesteuert, einschließlich der Mitosen und aller Wachstumsvorgänge. Die Enzymaktivität des Zellkerns ist nicht konstant, sondern sie variiert mit dem Alter der Zelle, und was außerdem wichtig ist — sie läßt sich durch äußere Einflüsse verändern.

Es gibt keine Konstante des Zellkerns und seiner intimsten Teile, den Chromosomen, den Genen, den Erbanlagen; sie alle sind im Laufe des Lebens durch äußere Einflüsse und besonders durch die Ernährung veränderlich.

Damit wird bewiesen, daß durch eine gesteuerte Nahrung durchaus eine Änderung des Zellmilieus, besonders der Kernstruktur, zu erreichen ist.

Bisher wurde das immer bestritten. Die Nukleinsäuren beanspruchen unter den Zellbestandteilen besonderes Interesse, da sie eine grundlegende Rolle bei der Zellteilung spielen, ebenso beim Wachstum und bei der Proteinsynthese.

In den kleinsten chemischen Fabriken, in den Mitochondrien, wird die Oxydation des Stoffwechsels zu Ende geführt und die Energie in Form von Adenotriphosphorsäure gespeichert und damit mechanische Energie für die Muskelzellen und elektrische Energie für unsere Nervenzellen freigegeben.

Das Leistungsvermögen der Niere, Ammoniak zu bilden, ist aber häufig durch den verminderten Kapillardruck bei dem geschädigten Kreislauf mehr oder minder herabgesetzt. Hierdurch kann es zu einer Acidosis und zu einem Absinken der Alkalireserve kommen. Bei der Untersuchung Rheumakranker, die sich mit der üblichen Mischkost ernährten, im Gegensatz zu denen, die Trenn-Kost zu sich nahmen, konnten wir durch Kontrolle des Kohlensäurediagramms nach VAN SLYKE die bessere Stoffwechsellage des Patienten, der Trenn-Kost zu sich nahm, chemisch nachweisen.

Der geordnete Ablauf der Lebensvorgänge, einschließlich des normalen Wachstums, ist an die im Durchschnitt konstante Zusammensetzung des Blutes gebunden, die in der Isohydrie (Zustand einer konstanten Wasserstoffionenkonzentration), der Isotonie (Konstante des osmotischen Drucks) und der Isoionie (Gleichgewicht des Mischungsverhältnisses) ihren Ausdruck findet.

Blattgrün und Hämoglobin unterscheiden sich nur durch ein Magnesiummolekül in der Strukturformel.

SELYE und Schweizer Forscher wiesen darauf hin, daß durch die Ernährung sklerotisch verdichtete und veränderte Gefäßwände sich normalisieren.

Nach KRONE aus dem Max-Planck-Institut ist absolut sichergestellt, daß durch die Ernährung der Stoffwechsel der Zellen in einem negativen oder positiven Sinne geändert werden kann. Die Chemorezeptoren spielen neben der nervalen Beeinflussung eine Hauptrolle.

Alle nervösen, hormonalen und fermentativen Regulationsvorgänge sind von der normalen Zusammensetzung des Blutes absolut abhängig. Der Chemismus des Blutes hat eine zentrale physiologische Bedeutung. Die heute in allen Kulturländern ganz allgemein übliche Nahrung bildet keine Gewähr für einen ausgeglichenen Blutchemismus, als erste Voraussetzung eines guten Gesundheitszustandes. Weiter muß gesagt werden, daß bei dem Streß der heutigen Zeit, der Hast, die die Menschen selbst verursachen, die vegetative Dystonie eine weit größere Rolle spielen mag als je zuvor. Diese wiederum bedingt Krankheiten und funktionelle Organstörungen, auch der Verdauungsorgane. Es wird darum für die Dauer gesehen nicht gleichgültig sein, was und wie man ißt.

Nach PISCHINGER bilden Bindegewebe, Kapillaren, Lymphkapillaren und vegetatives Endnetz eine Funktionseinheit. Elektronenmikroskopische Untersuchungen ergaben, daß die vegetativen Endfasern nicht in der Zelle, sondern im Interzellularraum enden. So ist es auch erklärlich, daß bei Messung der elektrischen Hautwiderstände nach CROON elektrische Veränderungen bei Patienten konstant und reproduzierbar nachweisbar sind, wenn sich die Stoffwechsellage ändert.

Abb. 2 zeigt das Somagramm eines 64jährigen Mannes bei üblicher Vollkost,

Abb. 3 dasselbe nach 4 Monaten Trenn-Kost,

Abb. 4 die Normalisierung nach 9 Monaten Trenn-Kost.

Die moderne Forschungseinrichtung an den Hochschulen schenkt diesen Beobachtungen immer mehr Interesse. Entscheidend ist, daß wir möglichst die Nährstoffe in ihrem natürlichen Verband belassen.

Zusammenfassend kann gesagt werden, daß die Trenn-Kost infarkt-prophylaktische Eigenschaften hat, die Cholesterinolyse steigert, antithrombotisch wirkt und der Quickwert auf normale Werte sinkt, falls keine besonderen Herde vorliegen.

Sie unterstützt therapeutische und physikalische Maßnahmen, steigert bei Sportlern die Leistung und verkürzt die Erholungsphase. Sie bietet in der Rehabilitation und in der Geriatrie eine gute Hilfe.

Es wird sich daher lohnen, das Zusammenwirken der chemischen und physikalischen Gesetze im Zusammenhang mit der Ernährung weiterhin zu erforschen und zu erkennen.

Erläuterungen zum
Elektro-Neural-Somagramm
nach Croon

Während das EKG (Elektrokardiogramm) einen Teilausschnitt des menschlichen Körpers (das Herz) erfassen kann, gibt das Elektro-Neural-Somagramm nach Croon einen Überblick über den gesamten Körper.

Sind die Körperfunktionen, wie bei Abb. 6, gestört, kann auch der Laie sein derzeitiges, gestörtes Zustandsbild, wie in Abb. 5 erklärt, selbst erkennen. Der mit der Elektroneuralmedizin vertraute Arzt kann nach dieser Messung die gesamten Körperfunktionen beurteilen.

Die Abweichungen von der Norm — also die gestörten Körperfunktionen — können durch ein Behandlungsgerät, dem Test entsprechend, gezielt behandelt werden. Durch diese Behandlung kann man eine Normalisierung der Meßwerte erreichen. Durch diese Normalisierung ändert sich die Reaktionslage des Patienten.

Die hierbei angewandte dosierbare elektrische Behandlung löst Heilungsvorgänge durch Selbstregulationen des Körpers aus, die durch Zwischenteste kontrolliert werden können. Am Verlauf der Kurven beurteilt der Arzt den Gesundheitszustand des Patienten.

Die Elektroneuralmethode ist bei allen gestörten Körperfunktionen, wie z. B. Kreislauferkrankungen, Stoffwechselerkrankungen, Unfallfolgen, vegetativer Dystonie, Migräne und Kopfschmerzen, rheumatischen Erkrankungen, Wirbelsäulenerkrankungen, Bandscheibenleiden, Organstörungen, Schlaganfällen und bestimmten anderen Lähmungserscheimungen eine sehr zu empfehlende zusätzliche Behandlungsmethode, die die Wirkung der Trenn-Kost in sinnvoller Weise ergänzt.

Die zwischen den Seiten 96 und 97 dieses Buches aufgeführten Kurven oder Somagramme (Abb. 2—4) besserten sich allein durch die Anwendung der Hayschen Trenn-Kost, deren Säure-Basen-Gleichgewicht auch das physikalische Gleichgewicht zu regulieren beginnt. Das Zusammenwirken dieser Kostform mit der Croonschen Therapie intensiviert und beschleunigt die Besserung der Reaktionslage und damit die Heilungsvorgänge im Körper, wie an über 100 000 Fällen allein in meiner Klinik nachgewiesen werden kann.

Blutende Magengeschwüre und fieberhafte Erkrankungen eignen sich nicht für die Elektroneuraltherapie.

Die Grundlagen der Elektroneuraldiagnostik und -therapie beruhen auf elektrischer Meßmethodik ganz bestimmter Punkte der Körperoberfläche, Reaktionsstellen nach Croon genannt.

Beim gesunden Menschen bewegen sich die Meßwerte in einem engen Meßbereich (zwischen 30 und 50 kΩ).

Diese Meßwerte werden auf einer Kurve automatisch aufgezeichnet. Man nennt diese Kurve Elektro-Neural-Somagramm.

Die Abb. 5—11 sind auf den Seiten 101—106 plaziert. Die Abb. 12—14 stehen auf der Ausschlagtafel gegenüber Seite 97.

Sonderdrucke für Ärzte und Interessenten erhältlich:

Klinik Dr. Walb

6313 HOMBERG

Am Hohen Berg 20 · Telefon: (0 66 33) 8 16 / 8 17 / 8 18
Priv. (0 66 33) 76 68, Am Hohen Tor 12

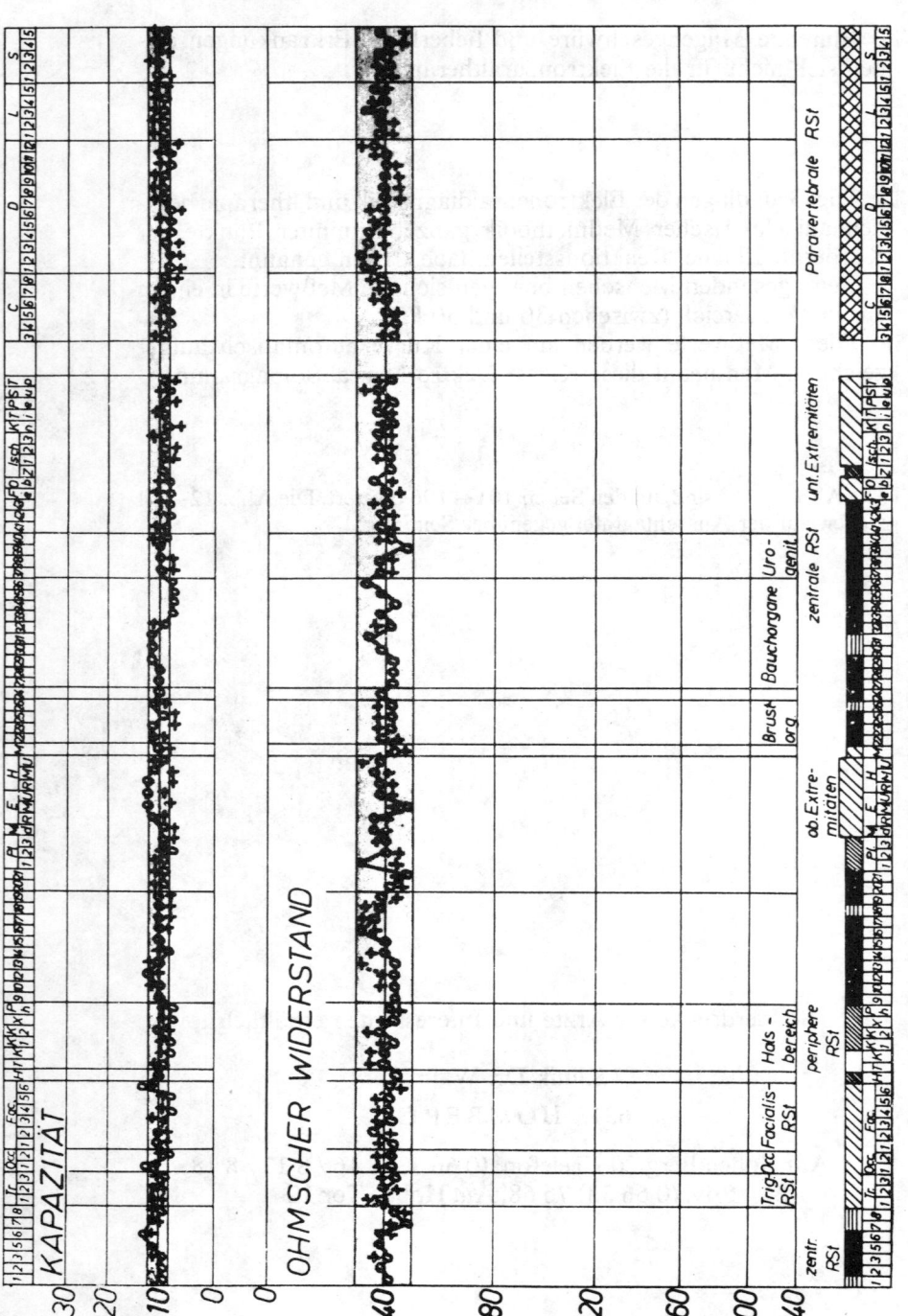

Abb. 5: Gesundes 12jähriges Mädchen. Alle Meßwerte liegen im Normalbereich. Bei krankhaften Geschehen ändern die Reaktionsstellen ihre elektrischen Werte.

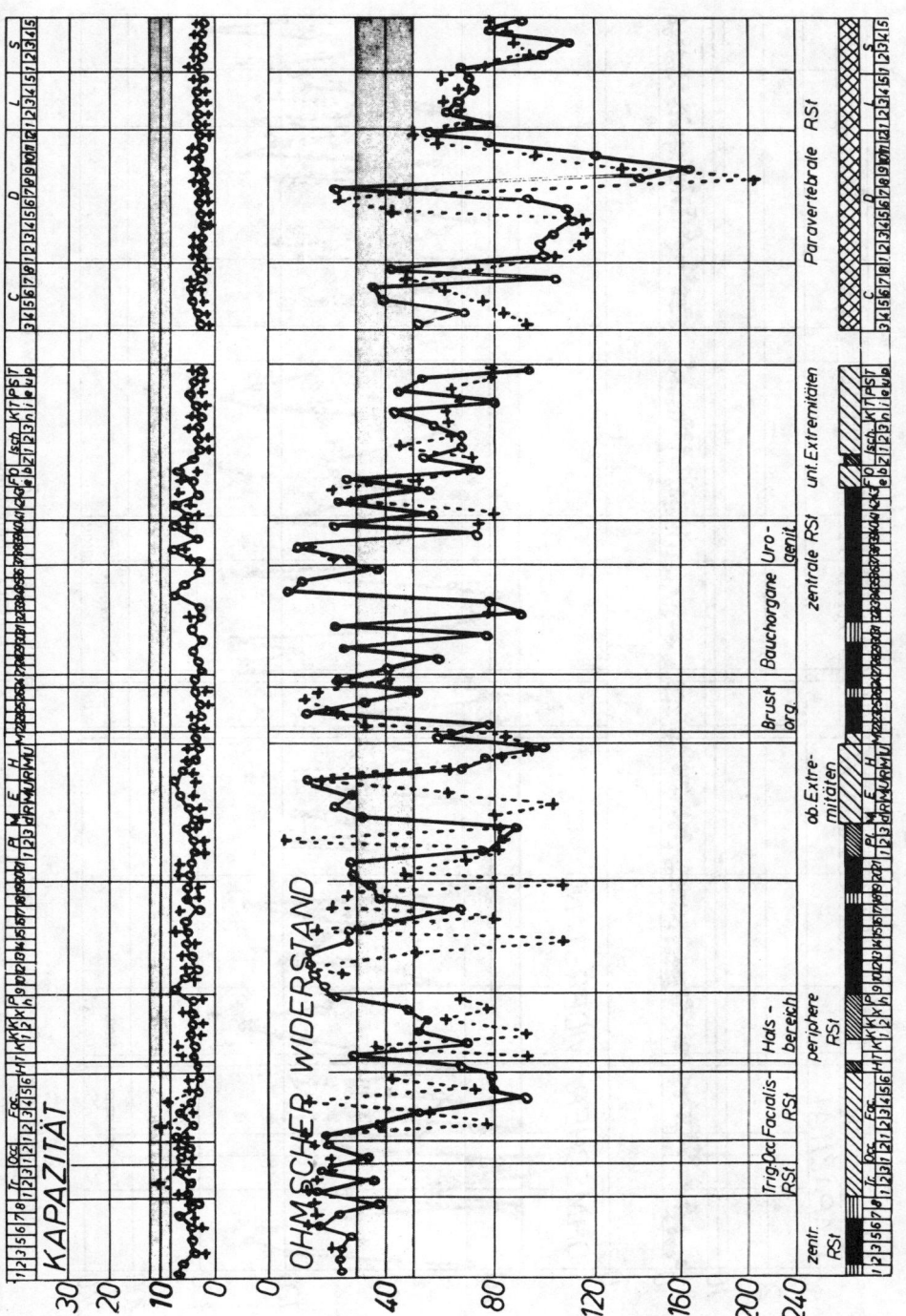

Abb. 6: Meßbefund bei einem 43jährigen Patienten mit Multipler Sklerose.

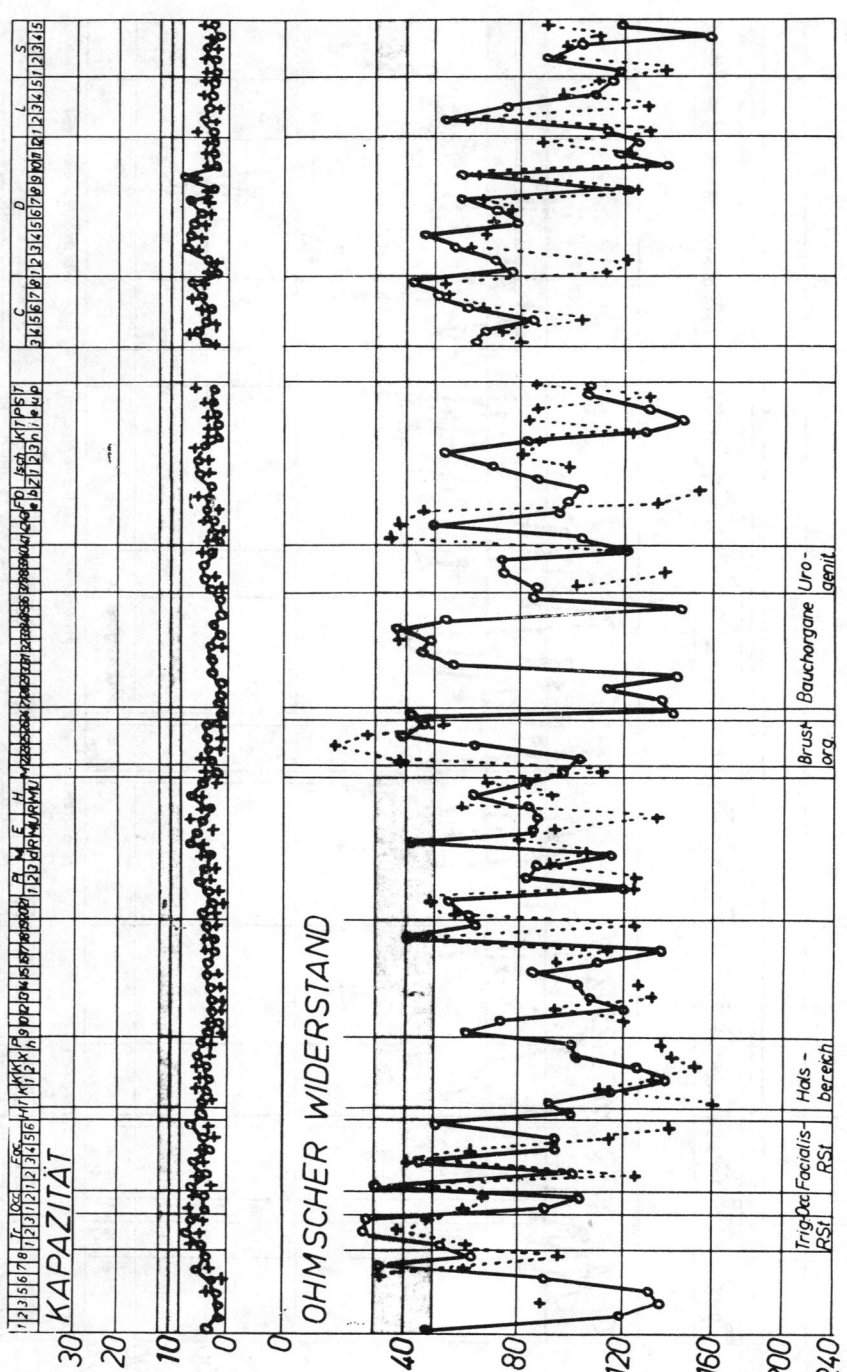

Abb. 7 zeigt den Meßbefund bei einer 59jährigen Patientin mit schmerzhaften Kniegelenksschwellungen und erheblicher Gehbehinderung bei chronischem Rheumatismus.

Abb. 8
Nach 30 Behandlungen
Normalisierung
des Meßbefundes.
Die Patientin konnte
ohne Schmerzen gehen und
hatte keine Beschwerden
mehr.

Abb. 10
Nach 47 Behandlungen
ist eine Tendenz zum
Normalbereich deutlich
erkennbar. Neben
allgemeiner Besserung war
besonders die Zunahme
der Gedächtnisleistung
für die Patientin eindrucks-
voll.

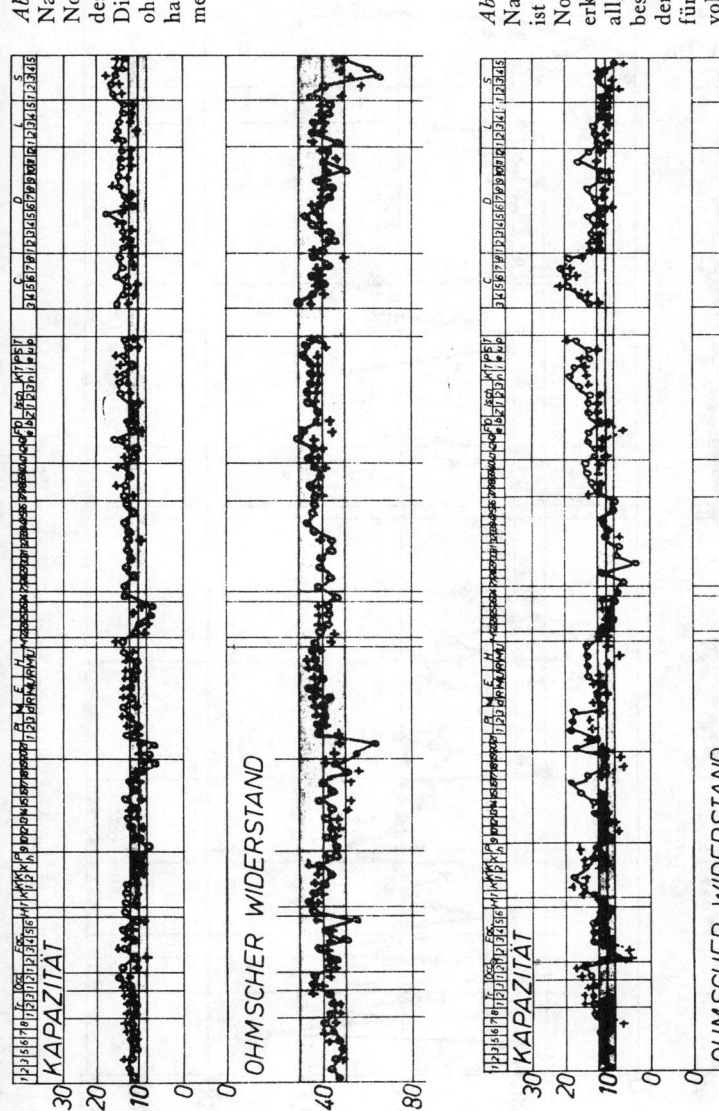

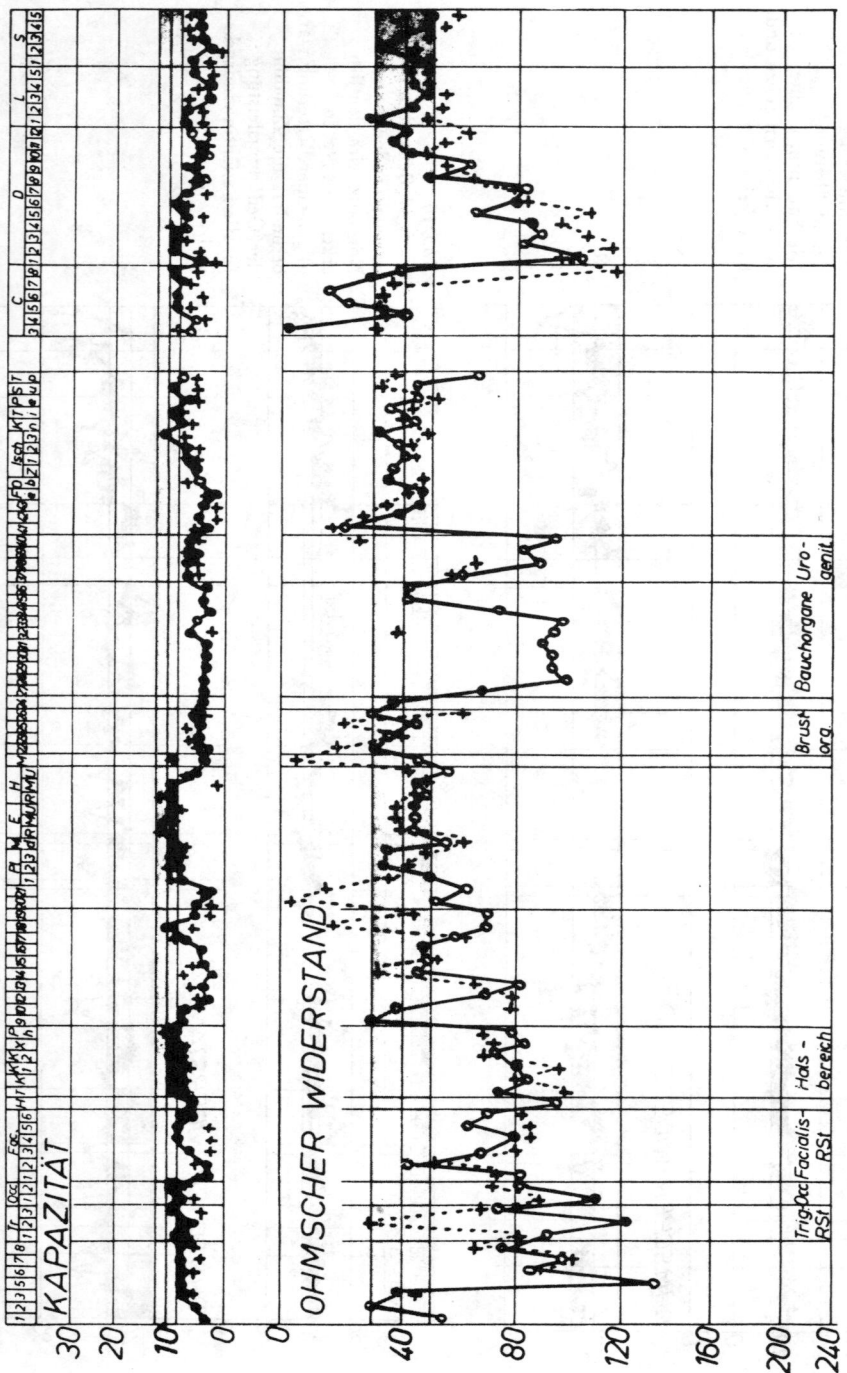

Abb. 9 zeigt den Meßbefund bei einer 68jährigen Patientin mit Hirndurchblutungs- und Gedächtnisstörungen.

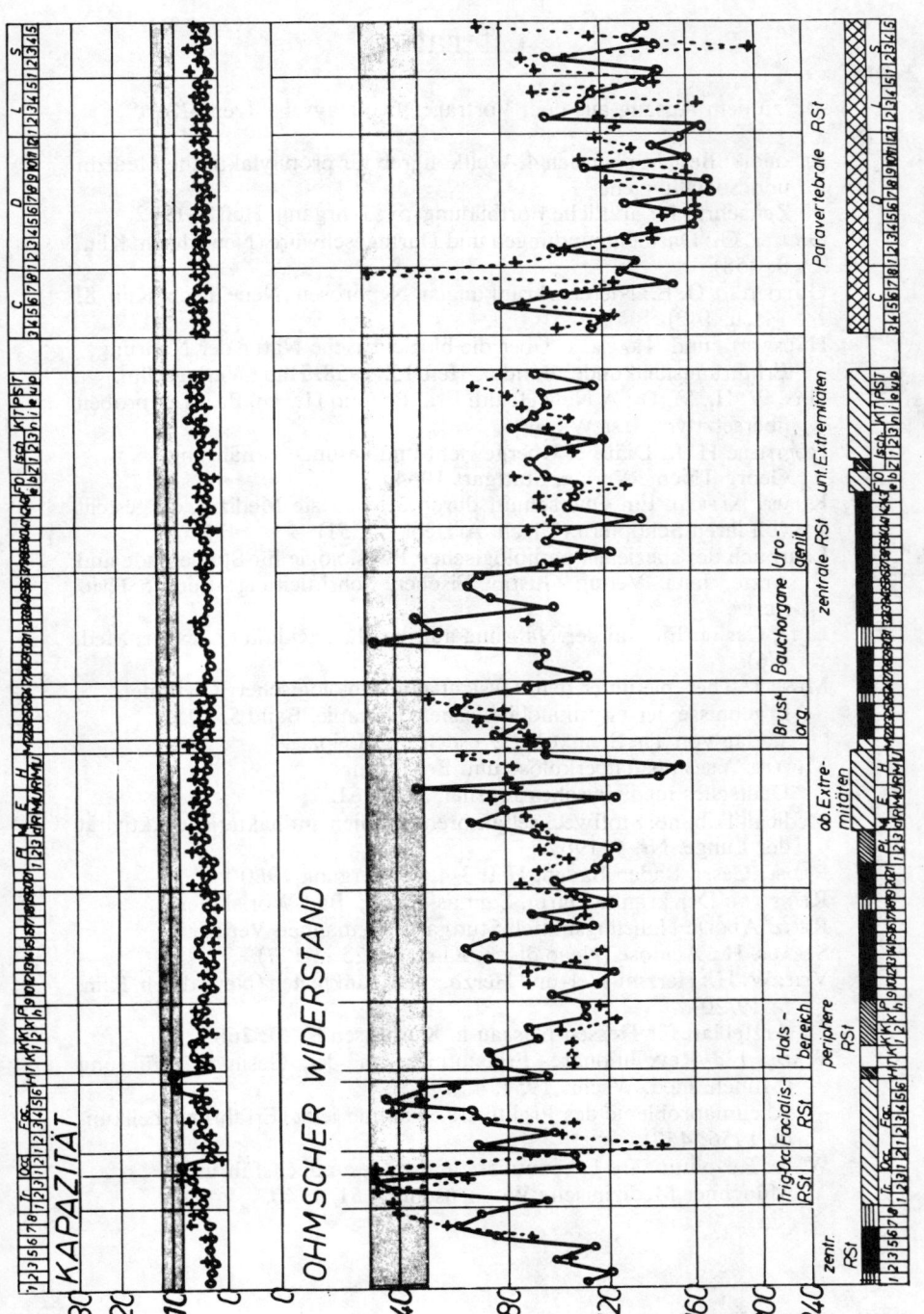

Abb. 11 zeigt den Meßbefund bei einer 64jährigen Patientin nach Schlaganfall mit Lähmung von Arm und Bein.

Literatur

zu dem Auszug aus dem Vortrag: „Die Haysche Trenn-Kost"

BERGHOFF: Bericht über den 4. Weltkongreß für prophylaktische Medizin und Sozialhygiene.
Zeitschrift für ärztliche Fortbildung, 51. Jahrgang, Heft 1, 1962.

GANTER, G.: Darmentzündungen und Darmgeschwüre (Neue dtsch. Klin. 8: 458).

GUTTENTAG, O. E.: Nierenerkrankungen. Nephrosen (Neue dtsch. Klin. 8: 141 u. 142).

HAUSWIRTH und KRACMAR: Über die bioelektrische Natur der Nahrung.
Erfahrungsheilkunde, Band 6, Heft 15, 1958. Haug-Verlag Ulm.

HAY, W. H., M. D.: A New Health Era. Pocono Haven. Pa. (Textproben übersetzt von ILSE WALB).

HOLTMEIR, H. J.: Diät bei Übergewicht und gesunde Ernährung.
Georg Thieme-Verlag, Stuttgart 1964.

KNAPP, ALFRED: Ein Querschnitt durch die neueste Medizin, dargestellt von ihren Schöpfern (Dtsch. Ärztebl. 69, 51).

Lehrbuch der speziellen pathologischen Physiologie für Studierende und Ärzte. Jena. Verlag Gustav Fischer. Schriftleitung: LUDWIG HEILMEYER.

LUTZ, OSKAR: Einfluß der Nahrung auf die Harnacidität (Z. exper. Med. 4/6).

MENZEL: Therapie unter dem Gesichtspunkt biologischer Rhythmen.
Ergebnisse der physikaldiätetischen Therapie, Band 5, 1955.
Verlag von Th. Steinkopf, Dresden und Leipzig.

MÜLLER-WIELAND: Tuberkulose und Ernährung.
Deutsches medizinisches Journal, 12, 1961.

Medical-Tribune: Stoffwechselfaktoren hemmen antibakterielle Aktivität der Lunge. Nr. 4, 1967.

REDEL: Cesra Baden-Baden, Heft 3/4, 7. Jahrgang 1960.

REINSTEIN: Der kranke Darm. Sanitas-Verlag, Bad-Wörishofen.

REITZ, ADOLF: Nahrungsmittel. Stuttgart. Alemannen Verlag.

STRAUB, H.: Acidose (Neue dtsch. Klin. 1: 125 u. 127).

VEIL, W. H.: Herzmuskel- und Herznervenkrankheiten (Neue dtsch. Klin. 5: 19/20).
Ärzteblatt für Hessen-Nassau u. Kurhessen 8, 20: 268.

WALB, L.: Revolutionäre Erkenntnisse in der Gesundheitsführung (Münch. med. Wschr. 1951, 40).
— Rheumaprobleme des Praktikers einst und jetzt (Erfahrungsheilkunde 1956: 457).

WALB: Revolutionäre Erkenntnisse in der Gesundheitsführung.
Münchner Medizinische Wochenschrift, 51, 1940.

WALB: Bedeutung der Elektroneural-Medizin für den Landarzt.
Erfahrungsheilkunde 1956, Heft 6.
WALB: Rheumaprobleme des Praktikers einst und jetzt.
Erfahrungsheilkunde Band 5, Heft 10, 1956.
WALB: Verhinderung der chemischen Gleichgewichtsstörung.
Medizin heute, 8. Jahrgang, Heft 1, 1959.
WALB: Prophylaxe allergischer Krankheiten.
Medizin heute, Heft 11, 1961.
WALB: Nierenerkrankungen und ihre Prophylaxe.
Vitalstoffe und Zivilisationskrankheiten, Heft 4, Band 8, 1963.
WALB: Die Haysche Trenn-Kost. 16. Auflage 1966.
Haug-Verlag, Heidelberg.
WALB: Über den Einfluß sinnvoller Ernährung.
Erfahrungsheilkunde, Heft 9, 1964.

Anschrift des Verfassers:

Dr. H. L. Walb, 6313 Homberg/Oberhessen, Am Hohen Tor 12
Klinik Dr. Walb, Am Hohen Berg, Tel. (0 66 33) 8 16 / 8 17 / 8 18
Privat: Am Hohen Tor 12, Tel. (0 66 33) 76 68

Erläuterungen zum Säure-Basen-Haushalt (SBH) und zum Verständnis der Sander-Methode*)

Von Dr. med. F. Biedermann und Dr. med. K. Rummler

Der Säure-Basen-Haushalt (SBH) des menschlichen Organismus, den wir mittels der Sanderschen Methode ziemlich exakt laboratoriumsmäßig ermitteln können, ist maßgebend am Stoffwechsel des Körpers beteiligt und hat für die Gesundheit des Menschen eine ähnliche Bedeutung wie die Spannung der Elektrizität im Stromnetz einer Stadt.

Um den SBH besser verstehen zu können, vergleichen wir ihn deshalb auch sinnbildlich damit.

Wie bei einer Überspannung im Elektrizitätsnetz zum Beispiel die Maschinen zu schnell laufen, die Glühlampen zu hell glühen würden und dadurch die Gefahr einer Überlastung bestehen würde und das Stromnetz dann im Bereich der Sicherungen zusammenbrechen kann, so entgleisen auch bei der Übersäuerung des Organismus die Funktionen der einzelnen Organe unseres Körpers bzw. wird das Zusammenspiel dieser Organe im Körper gestört (K. Rummler).

Ebenso wie im Elektrizitätsnetz ist es aber auch bei Schäden an einzelnen Apparaturen (Organen) notwendig, daß wir nicht nur den Schaden an den Apparaten (zum Beispiel Ischias, Durchblutungsstörungen, Magen- oder Leberbeschwerden) selbst beheben, sondern auch die grundsätzlich entgleiste Netzspannung (nämlich im Körper den SBH) normalisieren.

Wie der Elektriker mit dem Voltmeter und anderen Apparaten den Zustand im Elektrizitätsnetz prüfen kann (und ihm auch sonst noch einige Hilfsmittel zur Verfügung stehen), genau so ist auch der moderne Arzt in der Lage, die Überspannung (= Übersäuerung — Acidose) und die Unterspannung (Untersäuerung = Alkalose) durch eine spezielle Harnuntersuchung, nämlich die sogenannte

Auszug aus Homotoxin-Journal, Zeitschrift für Ganzheitsforschung und Synthese der Medizin. Heft 1, vom 1. Februar 1965, Seiten 162 bis 163. Mit freundl. Genehmigung des Aurelia-Verlages GmbH, Baden-Baden.

*) Diskussionsvortrag auf dem 5. Kongreß der Gesellschaft für Homotoxikologie und antihomotoxische Therapie e. V., Baden-Baden.

SANDERsche Untersuchung genau festzustellen. Die homotoxisch wirksamen Valenzen sind chemisch exakt nachweisbar.

Das Ergebnis der SANDERschen Harnuntersuchungen finden wir in zwei Abbildungen dargestellt, wobei in der Abbildung 15 die Kurve A eines Gesunden dargestellt ist. Die Kurve B zeigt die eines hochgradig Übersäuerten und die Kurve C die eines völlig Untersäuerten (= Alkalischen). Die Kurve beim Gesunden ist folgendermaßen zu deuten: Im Sieben-Uhr-Harn (Morgenharn) werden die normalen, im Stoffwechsel anfallenden (sauren) Stoffwechselschlacken der Nacht ausgeschieden. Beim Gesunden gibt es nun etwa zwei bis drei Stunden nach jeder Mahlzeit zur Einleitung der normalen Verdauung eine sogenannte Basenflut im Organismus: der Überschuß der durch das Frühstück erzeugten Basenflut — die zur Verdauung im Darmkanal notwendig ist — erscheint, oder soll wenigstens erscheinen, im Vormittagsharn um zehn Uhr. Die später wieder durch die Arbeit im Gesamtstoffwechsel des Körpers (jede Arbeit, auch die geistige, macht Schlacken) anfallenden Säuren scheidet der Körper im Mittagsharn (vor dem Mittagessen um 13 Uhr) aus. Um 16 Uhr geschieht das gleiche, wie etwa um zehn Uhr, d. h. die durch das Mittagessen erzeugte Basenflut kommt normalerweise im Harn zum Ausdruck und abends um 19 Uhr ist wieder der Säure-Überschuß vorhanden, der durch die Arbeit des Körpers — gleich welcher Art, auch durch seine eigene Stoffwechselarbeit, entsteht und der normal ist.

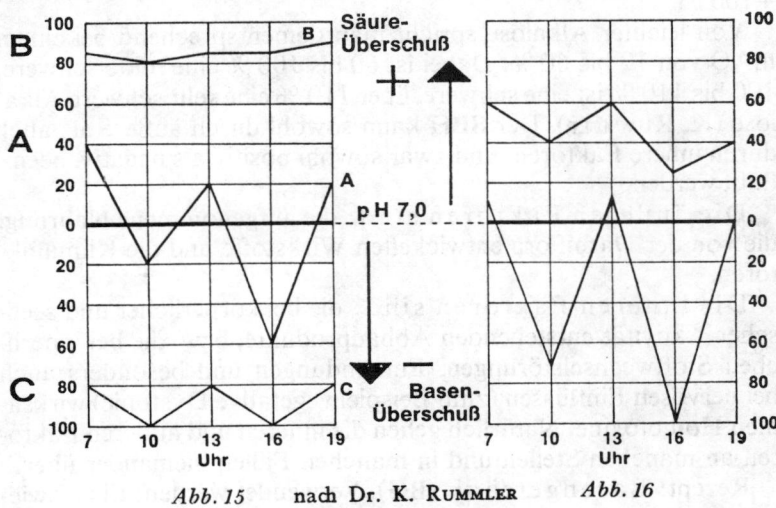

Abb. 15   nach Dr. K. RUMMLER   *Abb. 16*

Bei dem Patienten, dessen SBH nicht in Ordnung ist, fehlt nun, wie die Kurven B und C zeigen, die Ausgleichsfähigkeit des Organismus, wobei der rhythmische Wechsel der Säure-Basen-Fluten kaum mehr angedeutet ist. Daß und wie durch richtige Behandlung (vor allem Ernährung) die normale Ausgleichsfähigkeit wieder hergestellt werden kann, zeigt das Beispiel der Abbildung 16, in dem mit der Normalisierung des SBH auch alte rheumatische Gelenkbeschwerden, Kopfschmerzen und die Müdigkeit verschwunden waren, über die der Patient geklagt hatte, und zwar im Sinne einer ursächlichen Behandlung (das heißt also, die Krankheitsursache lag in der Übersäuerung, das heißt in dem Überschuß chemisch-homotoxisch-aktiver saurer Valenzen im Organismus).

Die Kurven lassen sich durch einen errechenbaren Mittelwert, den sogenannten mittleren Azidifätsquotienten (mAQ) charakterisieren und werden folgendermaßen eingeteilt:

Die Norm ist +10 % bis –10 %, d. h. der Gesamtdurchschnitt der fünf Proben kann sich etwas im alkalischen oder im sauren Milieu befinden.

Von leichter Übersäuerung (Azidose) kann noch bei +10 bis 30 % gesprochen werden.

Mittelschwer ist eine Übersäuerung von +30 bis +50 %, schwer eine solche von +50 bis +70 %.

Eine sehr schwere Übersäuerung ist eine solche von +70 bis +100 %.

Von leichter Alkalose spricht man dementsprechend bei einem mAQ von 10 bis 60 %. Dabei ist 60 bis 100 % eine mittelschwere, 100 bis 110 % ist eine schwere, über 110 % eine sehr schwere Alkalose (K. Rummler). Der SBH kann sowohl durch äußere als auch durch innere Faktoren, und zwar sowohl positiv als negativ, beeinflußt werden.

Die äußeren Faktoren sind: die aufgenommene Nahrung, die von der Darmflora entwickelten Wirkstoffe und die Klimafaktoren.

Die inneren Faktoren sind: die bei körperlicher und seelischer Aktivität entstehenden Abbauprodukte, bzw. die bei innerlichen Stoffwechselstörungen, Entzündungen und besonders auch bei nervösen Einflüssen (zum Beispiel vegetative Dystonie) wirksamen Homotoxine. Natürlich gehen die inneren und äußeren Faktoren an manchen Stellen und in manchen Fällen ineinander über.

Rezept: Basengetränk (BG). Verwendet werden: Eine Zwiebel, Sellerie, Petersilie, Lauch, Karotten, grüne Kohlrabiblätter, 2 bis 3 rohe Kartoffeln mit Schale, 2 Tomaten, Blumenkohlblätter mit Blumenkohlresten, Radieschenkraut (nehmen Sie, was es der Jahreszeit entsprechend gerade gibt).

Zubereitung: Auf 1 kg Gemüse 3 Liter Wasser! (Dazu eine Prise Meersalz.) Zwiebeln mit Schale und Tomatenstückchen in heißem Öl (am besten Sesamöl) andünsten. Das inzwischen gut gebürstete, ungeschälte Gemüse wird grob zerschnitten dazugegeben und m i t angedünstet. Dann füllt man 3 Liter Wasser auf und läßt z w e i Stunden auf kleiner Flamme kochen.

Das BG als Trinkbrühe wird durch ein Sieb gegossen und dann mit Cenovis-Hefe-Extrakt oder Vitamin R salzlos (oder mit Salz) und mit Kräuterpulver wie Petersilie, Basilikum oder Alete-Gewürze, Weleda-Gewürzständer, Lorcher Gewürze, je nach Belieben gewürzt. Schnittlauch, Tomaten oder Tomatenketchup können zur Abwechslung zugegeben werden.

Bei der überwiegenden Zahl der Patienten ist die Kurve in Richtung „zu sauer" gestört und dabei auch noch blockiert, das heißt die wellenförmige Bewegung der Säure- und Basenflut, die der gesunde SBH in der SANDERkurve zeigt, ist nicht da. Das gibt dem Arzt Hinweise, daß im Körper ein Überschuß an latenter Azidose (versteckte Säure) vorhanden ist, die sogar von sich aus unter Umständen schon eine Krankheitsursache sein kann oder aber die Begleiterscheinungen von vielen Krankheiten darstellt, wie etwa von Stoffwechselstörungen, rheumatischen Erkrankungen, Durchblutungsstörungen, Magen-Darm-Leiden und ähnlichem.

Infolgedessen ist fast immer eine der Säure entgegengesetzte, also eine basenbildende Therapie notwendig, zumal auch in unserer „modernen Ernährung" (Konserven, denaturierte Nahrungsmittel) die säurebildenden Nahrungsmittel eine überwiegende Rolle spielen und auch die hochwertige Fleischkost sich im Stoffwechsel als Säure im Endprodukt niederschlägt. Wir raten deshalb in allen Fällen zu einer verstärkten basenbildenden Nahrung. Soweit BIEDERMANN und RUMMLER.

Jede Verschiebung des Säure-Basen-Haushaltes (SBH) nach der sauren Seite hin wird vor allem mit basenüberschüssiger oder besser gesagt: basenbildender Diät beeinflußt. Die Haysche Trenn-Kost ist eine Kostform, die das Säure-Basen-Gleichgewicht auf natürliche Weise wieder herstellt und aus diesem Grunde ist sie nicht nur in der Lage Krankheiten zu bessern oder zu heilen, sondern auch Krankheiten vorzubeugen.

Welche Beziehungen bestehen zwischen den Colibakterien des Darmes und seinem Redoxpotential*)

Von Friedrich F. S ANDER †

In einer außerordentlich interessanten Zusammenfassung in der Zeitschrift „Physikalische Medizin und Rehabilitation", 7. Jahrgang, Heft 3, März 1966, gibt Wolfgang L AVES einen Überblick über die Bakterienverhältnisse im Darm, wobei er ganz besonders darauf hinweist, daß das Bact. coli unter allen Darmbakterien eine Sonderstellung einnimmt, indem es nicht, wie jene, überwiegend in dem Ingesta lebt, sondern wie eine Tapete bereits kurz nach der Geburt die Darmwand überzieht. In seiner Zusammenfassung sagt er: „Die Dysbakterie ist gemäß der heutigen Auffassung die gestörte Symbiose des Bact. coli mit der Darmwand ... Das Bact. coli dient als Indicator." Weiter schreibt er: „Das Bact. coli tapeziert die Darmwand völlig aus und läßt den Kampf der Fremdbakterien untereinander in dieser Zone nicht zu, so daß es eine Beeinflussung der Darmwand durch Fremdbakterien verhindert und diese ins Darmlumen zurückdrängt. Im Darmlumen selbst wird das Bact. coli aber auch wirksam, da es den Rest des Sauerstoffs abbaut und damit für eine anaerobe Zone sorgt." Weiter weist er darauf hin, daß G RÜTTE durch Messung des Redoxpotentials an der Darmwand andere Werte erhielt als im Darmlumen.

Ich habe bereits in meinem Buche „Die Darmflora des Menschen" (Hippokrates-Verlag, Stuttgart, 1948) darauf hingewiesen, daß das Bact. coli auch bezüglich des Redoxpotentials eine Sonderstellung unter den Darmbakterien einnimmt, indem es von allen Darmbakterien das weitaus stärkste negative Redoxpotential besitzt, welches erstaunlicherweise beinahe das des Wasserstoffs erreicht. Hierdurch ist es imstande, unter geeigneten Lebensbedingungen allen übrigen Darmbakterien den Sauerstoff, den sie für sich bei ihrer primitiven Atmung, der Gärung, zum Leben notwendig haben, zu entziehen.

---

*) Auszug aus Physikalische Medizin und Rehabilitation. 7. Jahrgang, Heft 10, Oktober 1966. Mit freundlicher Genehmigung des Verlages Medizinisch-Literarischer Verlag, Dr. Blume & Co., Uelzen.

Es liegt auf der Hand, daß die oben geschilderte Sonderstellung des Bact. coli bezüglich seiner Wandständigkeit in enger Beziehung zu seinem extrem hohen negativen Redoxpotential stehen muß, denn dies befähigt es zweifellos, die oben von LAVESerwähnte Beeinflussung der Darmwand durch die übrigen Darmbakterien zu verhindern.

Es sei mir gestattet, auf die überragende Bedeutung des Redoxpotentials für den menschlichen Organismus im folgenden kurz einzugehen, da zwar die Kenntnis des pH-Wertes allgemein verbreitet, jedoch die des Redoxpotentials, besonders hinsichtlich seiner Wichtigkeit für eine normale Darmtätigkeit, weniger bekannt ist. Zwar weiß man, daß die Züchtung von Bakterienrassen in Petrischalen weitgehend von der Zusammensetzung des Nährbodens abhängig ist, wobei es sich besonders — abgesehen von der Temperatur und der Art der Nahrungsstoffe — um die Einstellung eines richtigen pH-Wertes und eines richtigen Redoxpotentials handelt. Erstaunlicherweise hat man aber diese wissenschaftliche Erkenntnis nicht auf die Betrachtung der entsprechenden Verhältnisse im Darm herangezogen, sondern sich meist mit der Feststellung der Anwesenheit der verschiedenen Darmbakterien begnügt.

Nach K OLLATH wird „das ganze Gebiet des Stoffabbaues zu einem Redoxproblem, für dessen Geschehen und Ablauf die Wasserstoffionen-Konzentration (pH-Wert) das eine Milieu bedeutet, während beim Abbau entstehende Wärme eine zweite wichtige Milieuwirkung ausübt. Und jede ausschließliche Berücksichtigung der freiwerdenden Kalorien seitens der Medizin beschäftigt sich demnach nicht mit dem tieferen biologischen Prozeß, sondern mit einer sekundären Angelegenheit."

Wie der pH-Wert das Verhältnis von Säuren und Basen, richtiger gesagt von H- zu OH-Ionen angibt, analog zeigt uns das Redoxpotential das Verhältnis von oxydierenden zu reduzierenden Stoffen, richtiger gesagt das Verhältnis zwischen dem negativen und dem positiven Teil eines Redoxpotentials an, wie man auf elektrischem Wege messen kann. Der Kürze halber sei das Wesen des Redoxpotentials an dem bekannten Beispiel des Zystein-Zystin-Redoxsystem erläutert, das man abgekürzt schreiben kann als:

$$2 \text{ Cy (SH)} + \text{O} \rightleftharpoons \text{CySSCy} + \text{H}_2\text{O} + \text{Energie}$$

Hierbei ist das Cystein (Cy [SH] wegen seiner Sulfhydrilgruppe (SH) gegenüber dem durch Oxydation entstehenden Cystin

(CySSCy) das negative, energieliefernde Glied des Redoxsystems. Eine zweite Voraussetzung für das Zustandekommen der Redoxwirkung ist das leichte Übergehen der einen Seite des Systems in die andere, je nachdem, ob sich der Vorgang in einem reduzierenden oder oxydierenden Milieu abspielt.

Bisher ist meines Wissens noch nicht der Versuch gemacht worden, durch richtige Einstellung des pH-Wertes und des Redoxpotentials im Darm im günstigen Sinne auf die Darmflora Einfluß zu nehmen und so die wandständigen Colibakterien in ihrer wichtigen physiologischen Tätigkeit zu unterstützen. Ich kenne nur eine Ausnahme; das sind die Sulfredox®-Dragées (Hersteller: Apotheker Kurt MÉRZ, Steinau bei Schlüchtern), die die Aufgabe haben, sowohl den pH-Wert als besonders auch das Redoxpotential des Darmes zu normalisieren.

Diese Dragées enthalten zwar noch nicht das fertige Redoxsystem, sondern nur seine Vorstufe, aus der dann das Bact. coli infolge seines ungewöhnlich starken negativen Potentials das eigentliche Redoxsystem zu bilden vermag.

Diese Umwandlung besteht nun darin, daß die Colibakterien aus der Schwefelkomponente der Dragées mühelos Schwefelwasserstoff zu bilden vermögen, wodurch sie die negative Komponente des Systems herstellen, während die positive die in den Dragées enthaltene Schwefelkomponente ist.

Schreiben wir diesen Prozeß nicht in der Form einer einfachen chemischen anorganischen Formel, sondern kleiden wir ihn in die physiologische Form eines Redoxsystems, so ergibt sich eine genaue Analogie zum Cystein-Cystin-System. Der Unterschied besteht nur darin, daß jenes System die organische Komponente Cy enthält, während dagegen dieses statt des organischen Cy das anorganische H enthält:

$$2\,H\,(SH) + O \rightleftharpoons HSSH + H_2O + Energie$$

Auch daß die Schwefelkomponente der Sulfredox®-Dragées überhaupt als positive Komponente des vorstehenden Redoxsystems wirken kann, müssen wir auf die Tätigkeit des Bact. coli zurückführen, welches auf irgendeine, uns noch unbekannte Weise, offenbar mittels seiner Fermente, die an sich chemisch träge Schwefelkomponente zu aktivieren imstande ist, deshalb würde — wie bereits erwähnt — eine einfache anorganische Formel diesem Vorgang nicht gerecht werden, denn es handelt sich hier um einen physiologischen und nicht rein chemischen Vorgang.

Das gemäß vorstehender Formel entstandene Redoxsystem befähigt also die wandständigen Colibakterien, die übrigen Bakterien im Schach zu halten, indem es ihnen mehr oder weniger ihren lebensnotwendigen, durch Gärung entstehenden Sauerstoff entzieht. Jedenfalls ist es eine Tatsache, daß jeglicher Geruch nach Schwefelwasserstoff im Stuhl eines Patienten trotz weiteren Einnehmens von Sulfredox®-Dragées dann aufhört, wenn das Ziel, die Sanierung des Darmtraktus, erreicht worden ist. Diese Sanierung gibt sich auf verschiedene Art und Weise kund.

1. ist hierbei der Zungenbelag verschwunden,
2. sind die Indican-Proben im Harn negativ geworden,
3. stellt sich nach kurzer Zeit ein normaler Stuhl ein, auch wenn der Patient vorher ohne Abführmittel nicht auskommen konnte,
4. schließlich geben die Patienten stets ein subjektives Wohlbefinden an.

Ferner verweise ich auf *Lactocymat* (Lubig, Bonn, Arndtstraße), wovon der Hersteller sagt: *Lactocymat* ist in seiner Zusammensetzung — im besonderen Hinblick auf den Mineralhaushalt — derart ausbalanciert, daß notfalls die alkalotische Gewebssituation als Vorbedingung beispielsweise der Vokalbehandlung gesichert ist. Dieser regulierende Effekt trägt zur vegetativen Tonisierung bei und erhöht die Resistenzkraft des Körpers gegen äußere Schäden verschiedenster Art. *Lactocymat* sichert das „juste milieu".

Infolgedessen unterstützen beide Präparate auch die Wirkung der Trenn-Kost.

Diabeteskost

Anhang für Diabetiker

Trenn-Kost bedeutet
eine Verhütung
des Übergewichtes und
eine vorteilhafte
Beeinflussung des Stoffwechsels.

Inhaltsangabe

Einleitung

Dieser Anhang zur 30. Auflage enthält ein Beispiel für die Umstellung eines Diabetikers von Mischkost auf Trenn-Kost.

Der hier erwähnte Diabetiker spritzte z. B., als er als Patient in unsere Klinik kam, 30 Einheiten Insulin. Nach 4 Wochen Aufenthalt spritzte er bei der Entlassung nur noch 18 Einheiten Insulin. Er hatte diesen Erfolg nur durch die bekömmlichere Zusammenstellung der Trenn-Kost-Mahlzeiten. Sie sind eine Vollwerternährung, aber keine Überernährung oder Unterernährung, weil in jeder Mahlzeit nur **ein** Konzentrat enthalten ist. Die Nahrungsmittel werden für jeden, besonders für den Diabetiker so besser auswertbar, und sättigen dadurch mehr; der Diabetes wird leichter einstellbar, und bekommt allmählich eine größere Kohlenhydrattoleranz. Er kann die Insulingaben nach und nach reduzieren, weil Blutzucker und Harnzucker allmählich sinken. Deshalb sind zunächst bei der Umstellung 2—3 Blutzuckerkontrollen wöchentlich erforderlich. Bei Patienten, die noch kein Insulin spritzen, normalisiert sich der Blutzucker durch Trenn-Kost natürlich schneller.

Es wäre ratsam, daß die auf Bundesebene voruntersuchten und erkannten Anfangsfälle von Diabetes ihre Ernährung auf Trenn-Kost umstellten, um die Krankheit aufzuhalten. Denn neben den 1,3 Millionen Fällen erkannter Diabetiker soll es laut Bundesstatistik über 1 Million unerkannter Fälle geben. Viele Menschen leiden an Schwächezuständen und Schwindelanfällen. Schon bei diesen Zuständen sollten die Blutzuckerwerte bestimmt werden, um eine Hypoglykämie auszuschließen. Die Ernährung würde besser auf Trenn-Kost umgestellt, um hypoglykämische Zustände zu verhindern, und die Kohlenhydrate müßten reduziert werden. Eine Hypoglykämie wird nicht durch Mangel an Zucker verursacht, sondern durch eine zu hohe Insulinproduktion, den Hyperinsulinismus. Deshalb würden Zuckergaben auf lange Sicht gesehen, nach Ansicht von ATKINS, diesen Zustand nur verschlimmern. Diabetiker, die abendlich spritzen, sollten auch abends eine Spätmahlzeit einnehmen, um die Hypoglykämie zu vermeiden, die im Schlaf leicht unbemerkt bleibt, erläutert JAHNKE.

Über die von Dr. ATKINS verbreitete einseitige Fleischernährung schreibt Dr. SCHMIDSBERGER: „Wer sich aber auf lange Sicht nach den Eiweißempfehlungen von Dr. ATKINS richtet, wird müde, appetitlos und hat auch unter Müdigkeit zu leiden. Aber das ist noch nicht alles: wie Untersuchungen gezeigt haben, steigen entgegen den Versprechungen auch Harnsäure- und Cholesterinspiegel, vor allem aber der Blutdruck an. Inzwischen empfiehlt er neuerdings eine „Energiediät" mit Vitaminen und Mineralien in hoher Dosis. Wer seinen Organismus auf die Dauer übersäuert und mit Eiweißschlacken überschwemmt, der bereitet vielen Krankheiten den Boden. Für Zuckerkranke sowie für Patienten mit Herz- und Nierenleiden ist dieses Risiko noch viel höher als für Gesunde."

PREUSSER schreibt, daß es genauso schädlich sei, sich nur mit Kohlenhydraten zu ernähren.

Unsere Mischkost enthält beides: Fleisch und Kohlenhydrate und zusätzlich Obst, Gemüse und Salate.

Die Mischkost führt, wie jeder weiß, leicht zur Überernährung. Diät wird erst eingehalten, wenn die Krankheit bereits spürbar da ist.

Die Trenn-Kost bietet durch Weglassen eines Konzentrates bei einer Mahlzeit die beste Möglichkeit, **Überernährung** zu vermeiden und die Nährstoffe trotzdem zu bekommen, ohne sich zu übersäuern.

Für die Diabetiker ist wichtig zu wissen, daß die Trennung sowohl für Kinder als auch für Erwachsene leicht durchführbar ist.

Interessant ist die Feststellung der modernen Wissenschaft, und ich zitiere aus einem sehr guten Kommentar von JAHNKE aus dem Buch: „Moderne Diät bei Erwachsenen-Diabetes", daß die medikamentöse Behandlung des Diabetes **nicht** ausreicht. „Es ist besonders bemerkenswert, daß in unserer Zeit der großartigen Fortschritte medikamentöser Behandlung die Bedeutung der Diätbehandlung sozusagen **wieder entdeckt** werden mußte.

Der ungünstige, zu vorzeitigen und fortschreitenden Gefäßkrankheiten führende Verlauf des Diabetes kann durch eine rechtzeitige konsequente, anhaltend gute Behandlung sehr wohl aufgehalten werden. Hierzu gehört die Stabilisierung des diabetischen Stoffwechsels, für die eine zweckmäßige Diät unentbehrlich ist. Das Ziel der modernen Behandlung des Erwachsenen-Diabetes ist aber keineswegs nur die dauerhafte Senkung des erhöhten Blutzukkergehaltes zu annähernd normalen Werten und die Beseitigung der Harnzuckerausscheidung. Alle Kenner des Diabetes sind sich vielmehr darin einig, daß die Normalisierung des erhöhten Blutfettgehaltes und die Beseitigung der Fettleibigkeit ebenso wichtig ist, gewöhnlich sogar erst die entscheidende Voraussetzung der dauerhaften Senkung erhöhter Blutzuckerwerte ist. Dies ist vorerst nur mit einer zweckmäßigen Diät zu erreichen. Die Diät rückt damit wieder an die erste Stelle der Behandlung des Erwachsenen-Diabetes. Sie kann häufig zu einer Beschränkung der Behandlung mit blutzuckersenkenden Medikamenten führen und ihre ohnehin kritisch zu beurteilende Anwendung in vielen Fällen sogar unnötig machen."

„In der modernen Diätbehandlung des Erwachsenen-Diabetes steht heute die Beseitigung des Übergewichtes, d. h. die Reduktion der Kalorienaufnahme an erster Stelle. Auf diese Weise kann die Funktion der Inselzellen am besten entlastet, der diabetische Stoffwechsel stabilisiert und auch eine Vermehrung von Fettsubstanzen im Blut gesenkt werden. Dies ist im Hinblick auf die Verminderung des Risikos für Gefäßkomplikationen wichtig. In vielen Fällen kann auf diese Weise aber auch die Anwendung blutzuckersenkender Medikamente, vor allem von Insulin begrenzt oder sogar unnötig werden."

Nach Dr. HAY ist Diabetes eine Übersäuerung, die sich durch die basenreichere Kost mit mehr Salaten, Gemüsen und Obst und durch die Trennung bessert und sich auf die Dauer auf das Gewicht normalisierend auswirkt. Zu viel Fleisch zur Mahlzeit zu essen, die nicht durch genügend Salate und Gemüse ausgeglichen wird, hinterläßt im Körper zu viel Säure.

Man vergesse nicht, daß in Venedig die Gefangenenkost nur aus Fleisch bestand um damit den Tod herbeizuführen und trotzdem die Gefangenen in dem Glauben zu lassen, sie seien sehr gut ernährt worden. Denselben Eindruck erweckt auch heute noch eine einseitige üppige Fleischmahlzeit.

Es würde uns freuen, wenn auch dieser Anhang für Diabetiker vielen Besserung brächte und wünschen darum auch dieser 30. Auflage mit dem „Anhang für Diabetes" einen vollen Erfolg.

Dr. WALB und Frau Ilse WALB

Gleichwertigkeitstabelle vom 1. 1. 1977

(Tab. 1)

Mit 10 g Weißbrot sind gleichwertig, d. h. an Stelle von 10 g Weißbrot darf man essen:

10 g	Semmel, Brötchen, Hörnchen, Milchbrot, Kaffeekuchen, Linsen*), gelbe Erbsen*), weiße Bohnen*), Rosinen, Pflaumen (trokken), Feigen (trocken), Teekuchen (vergleiche Rezepte im Anhang).
12 g	Schrotbrot wie: Weizen- oder Roggenschrotbrot, Schwarzbrot, Graubrot, Feinbrot, Grahambrot, Leinsamenbrot, Bauernpumpernickel (Delikateßpumpernickel kommt nicht in Frage, da meist mit Sirup gesüßt).
15 g	Obstkuchen, Frittenkartoffeln (Pommes-Frites), Diabetiker-Knäckebrot.
20 g	Nußkuchen (vergl. Rezept im Anhang).
7,5 g	Zwieback, Keks, Salzbrezeln, Kakao*), Knäckebrot, z. B. Deutsche Knäcke Wasa.
7 g	von allen Mehlsorten*), Haferflocken*), Nudeln*), Graupen*), Grünkern*), Quäker Oats*), Puddingpulver*).
6 g	Reis*), Gries*), Sago*), Tapioka*), Schokolade, Zuckerkonfekt, Bienenhonig.
5 g	Zucker.
12,5 g	Marmelade.
30 g	Kartoffeln, auch als Reibekuchen, Bratkartoffeln, Kartoffelsalat, Kartoffelbrei, Weintrauben mit der Rispe gewogen, Banane mit der Schale gewogen, Feigen (frisch), Ananas.
40 g	Kernobst, wie Äpfel süß oder sauer, Birnen, Steinobst, wie Kirschen, Pfirsiche, Aprikosen, Pflaumen usw. mit den Steinen gewogen.
50 g	Stachel-, Johannis-, Erd-, Himbeeren, Apfelsinen mit der Schale gewogen, junge grüne Erbsen, gelbe Rüben oder Möhren, dicke Bohnen, Steckrüben.
60 g	Brombeeren, Heidelbeeren.
100 g	Pampelmusen, Wassermelonen.
$\frac{1}{8}$ l	Milch, saure Milch, Buttermilch, Magermilch, Export-Bier, Pils-Bier, auch Pilsner Urquell, Lagerbier.
$\frac{1}{4}$ l	Joghurt, Kefir, obergäriges Bier (z. B. Kölsch), Alt-Bier, Weißbier, fette Sahne ($\frac{1}{8}$ l Sahne ist, über den Tag verteilt, unberechnet erlaubt).
$\frac{1}{8}$ l	Flasche Schaumwein.
$\frac{1}{32}$ l	Hohes C (Orangensaft).
2	Flaschen Diätpils a $\frac{1}{3}$ l.

---

*) roh gewogen

Hartschalenobst
  mit Schale:
  45 g Erdnüsse, 80 g Mandeln, 100 g Walnüsse, 160 g Haselnüsse, 300 g Paranüsse,
  ohne Schale:
  35 g Erdnüsse, 45 g Mandeln, Walnüsse, Cocosnüsse, 80 g Haselnüsse, 150 g Paranüsse.

Achtung: der vielerorts gebrauchte Begriff der Broteinheit entspricht jeweils 20 g Weißbrot (1 BE = 20 g Weißbrot).

Die Mahlzeiten eines Diabetikers bei der üblichen gemischten Diabetikerkost auf 320 WBE eingestellt

Dieser Patient spritzte bei Aufnahme in unsere Klinik täglich 32 Einheiten Insulin. Wir beließen seine WBE.

Er war bei seiner Aufnahme auf folgende WBE eingestellt:

1. Frühstück:
  80 g Weißbrot oder Gleichwertiges, s. Tab. 1

2. Frühstück:
  40 g Weißbrot oder Gleichwertiges, s. Tab. 1

Mittags:
  80 g Weißbrot oder Gleichwertiges, s. Tab. 1

Nachmittags:
  40 g Weißbrot oder Gleichwertiges, s. Tab. 1

Abends:
  80 g Weißbrot oder Gleichwertiges, s. Tab. 1

Seine Mahlzeiten setzten sich dementsprechend zusammen:

1. Frühstück:
 80 g Weißbrot oder
 96 g Roggenbrot, Aufschnitt u. Butter

2. Frühstück:
 40 g Weißbrot oder
 48 g Roggenbrot
160 g Äpfel

Mittags:
Fleisch, Salat und Gemüse
210 g Kartoffeln und
 40 g Äpfel oder Birnen oder
 50 g Beeren

Nachmittags:
4 Scheiben Knäckebrot
je 7,5 g = 30 g Weißbrot

Abends:
wie morgens

Zur Umrechnung auf Trenn-Kost haben wir eine Gleichwertigkeits-
tabelle aus der Klinik für Zuckerkranke Dr. Külz, Fachkranken-
haus Bad Neuenahr, zugrunde gelegt. Gleichwertiges bedeutet, daß
der Diabetiker sich entscheiden kann, ob er:

10 g Weißbrot oder
12 g Roggenbrot oder
 7 g Nudeln oder
30 g Kartoffeln oder
40 g Äpfeln (gelagerte) essen möchte
(Gelagerte Äpfel enthalten mehr Kohlenhydrate).

Bei der Umstellung auf Trenn-Kost erhielt der Patient folgende Mahlzeiten:

1. Frühstück:
80 g Weißbrot, zur Aufwertung des ausgemahlenen Weißbrotes
2 Teel. Weizenkeime, 2 Teel. Weizenkleie
1 Glas zu $^2/_3$ mit Wasser verdünnten Sauerkrautsaft, Rohkost, Radieschen, Tomaten, Rettich oder rohe Gurkenscheiben, Vitam R und Becel als Aufstrich

2. Frühstück:
Statt 40 g Weißbrot
160 g Äpfel (4 × 40) oder Kefir, s. Tabelle 1
Pampelmusen

Zum Mittag:
Fleisch, Salat und statt
Kartoffeln 100 g Möhren und
240 g Äpfel
(s. Umrechnungstabelle 1)

Nachmittag:
wie 2. Frühstück oder
120 g Äpfel, s. Tabelle 1 bei Äpfeln
3 × 40 = 120 g Äpfel und dazu Kefir.

Abends:
wie morgens

Die Tab. 2 zeigt was getrennt werden soll, mit Beispielen für Mittagessen

(Tab. 2)

Vorwiegend eiweißhaltig: dazu **neutrale Nahrungsmittel**

Fleisch, auch Wild, frische Fische, Milch aller Art, Käse (bis 55 % Fett i. T.) Eier, Sojamehl

1. Gemüse
Blattsalat, Karotten, rote Rüben, Teltower Rüben, Zwiebeln, Lauch, Blumenkohl, Spargel, Bohnen, Erbsen (grün), Mangold, Spinat, Rettich, Radieschen, Sellerie, Kohlrabi, Wirsing, Rotkohl, Weißkraut, Sauerkraut, Kürbis, Gurken, Rosenkohl, rohe Tomaten, Pilze, Paprikaschoten, Fenchel, Chicoree

2. Saures Obst
Kernobst, Steinobst, Beerenobst, Korinthen, Zitrusfrüchte, Granatäpfel, Ananas, *gekochte* Tomaten, Melonen (ohne Zuspeise)

2. Fette
Pflanzliche Öle und Fette, tierische Fette, Butter, Rahm, Quark, fetter Speck, Doppelrahmkäse (ab 60 % Fett i. T.), Eigelb, reife Oliven.

Rohes Fleisch und roher Fisch/Lachs wurden physikalisch gemessen und sind neutral. Tartar ist wegen der Toxoplasmose nicht ratsam. Man sollte Allgäuer Fleisch, rohen Schinken, Blutwurst und Cervelatwurst vorwiegend aus Rindfleisch vorziehen, Schweinefleisch ist als Ausnahme zu verwenden.

Nicht empfohlen
Rohes Eiweiß von Eiern, Rhabarber, Preiselbeeren, Eingemachtes

3. Andere Nahrungsmittel
Heidelbeeren ohne Zucker, Rosinen, Agar-Agar, Gelatine, Nüsse außer Erdnüsse u. Kastanien

4. Gewürze
Wild- u. Gartenkräuter, (Basilicum statt Pfeffer), Kräuter- u. Selleriesalz, Meersalz, Knoblauch, Paprika, Muskat, Curry

Nicht empfohlen
Getrocknete Hülsenfrüchte, käufl. Mayonnaisen, Suppen, Saucen, schwarzer Tee, Kaffee, Kakao, Ingwer, Meerrettich, Pfeffer, Senf, Eingemachtes, Essigessenz

Man sollte zu einer Mahlzeit nur eine Eiweißart verwenden.

Beispiele für Mahlzeiten zu Tabelle 2

1. Beispiel: Tatarenbeefsteak

(Fleisch von der linken Seite der Tabelle) aus gemischtem Schabefleisch, Zwiebeln, Basilikum, 1 Eigelb, zerkleinerten Tomaten und gewogenen Kräutern. Dazu Bohnengemüse (von der rechten Seite der Tabelle) oder fein gehacktes rohes Sauerkraut mit etwas Öl und Zwiebeln in der Pfanne angewärmt und grünen Salat (rechte Seite der Tabelle). Als Nachtisch: 1 Apfel oder Apfelsine.

Oder:

2. Beispiel: Fischauflauf

Fischfilet mit Meersalz und Zitronensaft gewürzt, legt man in eine mit Butter ausgestrichene Jenaer-Glasform, abwechselnd mit Tomatenscheiben und kleingeschnittenen, vorgedämpften, beliebigen Gemüsen belegt, gibt Butterflöckchen darauf und läßt das Gericht im eigenen Saft etwa 20 Minuten dünsten.

Oder:

3. Beispiel: Gemüsesuppe

ohne Mehl oder Kartoffel-Einlage, 2 gebackene Spiegel- oder Rühreier, Spinat, Rohkost oder grünen Salat, oder Endivien oder Feldsalat. Nachtisch: Quarkspeise mit Sauerkirschen.
Die Hauptsache ist, daß die Rohkost oder die grünen Salate den Hauptplatz in der Mahlzeit einnehmen.

Abendmahlzeiten mit vorwiegend kohlenhydrathaltigen und neutralen Nahrungsmitteln, weil die Diabetiker, die abends spritzen, die Kohlenhydratmahlzeiten abends brauchen

(Tab. 3)

Vorwiegend kohlenhydrathaltige, dazu **neutrale Nahrungsmittel**

Stärke, Zucker

1. überwiegend Stärke
Vollkorngetreide, Vollkornmehl, Vollkornbrot, Vollkornnudeln, Naturreis, Bananen, Kartoffeln, Tapinambur, Grünkohl, Schwarzwurzeln

2. überwiegend Zucker
Bienenhonig, Datteln, Feigen, unraffinierter Zucker, Rübensirup

Wenn möglich sollte man vermeiden:
Weißbrot, Weißmehl, Weißmehlnudeln, polierten Reis, Sago, Tapioka, getrocknete Hülsenfrüchte, Erdnüsse, Kastanien, weißen Zucker, Süßigkeiten aus weißem Zucker, Gelees, Eingemachtes, Marmelade

1. Gemüse
Blattsalate, Karotten, rote Rüben, Teltower Rüben, Zwiebeln, Lauch, Blumenkohl, Spargel, Bohnen, Erbsen (grün), Mangold, Spinat, Rettich, Radieschen, Sellerie, Kohlrabi, Wirsing, Rotkohl, Weißkraut, Sauerkraut, Kürbis, Gurken, Rosenkohl, rohe Tomaten, Paprikaschoten, Fenchel, Pilze, Chicorre

2. Fette
Pflanzliche Öle und Fette, tierische Fette, fetter Speck, Butter, Rahm, Quark, Doppelrahmkäse ab 60 % Fett i. T., Eigelb, reife Oliven

3. Andere Nahrungsmittel
Heidelbeeren (ohne Zucker), Rosinen, Agar-Agar, Gelatine, Nüsse außer Erdnüsse, Kastanien

4. Gewürze
Wild- u. Gartenkräuter, Basilicum (statt Pfeffer), Kräuter- u. Selleriesalz, Meersalz, Knoblauch, Paprika, Muskat, Curry

Nicht empfohlen
Getrocknete Hülsenfrüchte, käufliche Mayonnaisen, Suppen, Saucen, Schwarzer Tee, Kaffee, Kakao, Ingwer, Meerrettich, Pfeffer, Senf, Eingemachtes, Essigessenz

Man sollte nur eine Kohlenhydratart zu einer Mahlzeit verwenden.

Einige Kostbeispiele für Kohlenhydratmahlzeiten, zu Tabelle 3

1. **Pellkartoffeln mit Quark** oder getrocknetes Allgäuer-Fleisch (Tartar ist wegen der Toxoplasmosegefahr nicht empfehlenswert).
Dazu Rohkost und grünen Salat.
Schweinefleisch sollte man nur in Ausnahmefällen essen.

Oder:

2. **Eine Hafersuppe** (1 Eßlöffel auf 1 Teller Wasser).
Vollkornbrot, dazu über 50%igen Käse oder Quark oder evtl. Cervelatwurst oder Blutwurst (kann als neutral gelten) und Radieschen, Gurken, Tomaten oder grünen Salat.

Oder:

3. **Reisauflauf** aus Vollkornreis mit Eigelb, Bananen und Rosinen, Rohkost oder Rohsalate.

Oder:

4. **Quarkklöße** aus 1 Pfund Quark, 2 Eier, 1 Eßlöffel Weckmehl, 1 Eßlöffel Gries, Fruchtzucker mit Zimt, dazu Heidelbeeren, Rohkost als Vorspeise.

Oder:

5. Rohkost als Vorspeise, Grünkernsuppe mit gerösteten Brotwürfeln.
Dampfnudeln (400 g Weizenschrot, 125 g Butter, 110 g Zucker, 3 Eigelb, 30 g Hefe, $\frac{1}{8}$ Liter Wasser mit Sahne und je 1 Eßlöffel Weizenkeime und Kleie.

a) Aus dem wie üblich bereiteten Teig, den man fingerdick ausrollt, sticht man runde Stückchen, die man mit Eigelb bestreicht und nach dem Gehen backt.

b) Man läßt in einem eisernen Topf ein Glas Wasser mit etwas Butter und Salz kochen, setzt die wie oben vorbereiteten Dampfnudeln hinein und läßt sie auf sehr schwachem Feuer etwa 20 Minuten backen, bis sie gar sind.

Oder:

6. Rohkostsalate als Vorspeise.
   Zwiebelpastete: 200 g Roggenmehl, 100 g Weizenmehl, 150 g Butter, 2 Eigelb, Salz, $\frac{1}{2}$ Tasse Wasser, feingeschnittene Zwiebeln und Pilze zur Füllung.
   $\frac{2}{3}$ des Teiges gibt man in eine gefettete Auflaufform, belegt ihn mit den Pilzen, die man in Zwiebeln gedünstet und mit Gelbei und Rahm vermischt hat. Nun gibt man den Rest des Teiges als Deckel darauf und backt die Pastete im Backofen. Man kann die Pastete statt mit Pilzen auch mit Sauerkraut füllen.

Oder:

7. **Gemüsesuppe**
   Kartoffelklöße und rohen Sauerkrautsalat.

Die im vorangegangenen Hauptteil des Buches „Die Haysche Trenn-Kost" enthaltenen Trenn-Kost-Rezepte lassen sich ebenfalls alle auch für Diabetiker verwenden — unter Berücksichtigung der Prinzipien — (nur die erlaubten Kohlenhydrate und kein Zucker).

Auch innerhalb der Rezepte sind Abänderungen entsprechend der Krankheit möglich.

Die Einhaltung der Trennung, die ein Zuviel an konzentrierter Nahrung durch den basenüberschüssigen Anteil an Nahrungsmitteln ausschließt, sättigt und ist qualitativ und quantitativ ausreichend. Am folgenden Tellerbeispiel kann man die unterschiedlichen Mengen am besten erkennen, die man mit je einer Eiweiß- oder einer Kohlenhydrat-Mahlzeit zu sich nimmt.

 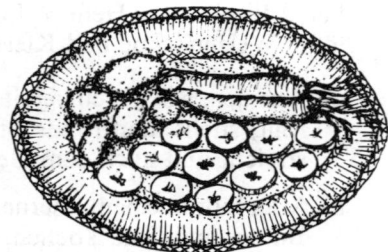

Eiweiß-Mahlzeit:
Fleisch, Gemüse, Obst u. Salat

Kohlenhydrat-Mahlzeit:
Kartoffeln, Rohkost u. Salat

Säure-Basen Gleichgewicht

Das Säure-Basen-Gleichgewicht gibt das optimale chemische Gleichgewicht des menschlichen Körpers an, das durch die Trenn-Kost erreicht und eingehalten wird. Das bedeutet für den Körper Leistungsfähigkeit und Wohlbefinden und für die Harnwerte einen pH-Wert zwischen 6,5 und 7,0, der durch Lacmuspapier (Apotheke) im Harn meßbar ist.

Erläuterungen zu den Tabellen 2 und 3 nach Dr. Hay

Man verwende am besten nur **eine** Eiweißart oder **eine** Stärkemehlart zu einer Mahlzeit. Notfalls können die Mahlzeiten auch ausgetauscht werden. Am bekömmlichsten aber sind Fleischmahlzeiten mittags und Kohlenhydrate ab ca. 15.00 Uhr nachmittags und abends um 18.00 Uhr. Das entspricht dem Leberrhythmus nach Forsgreen. Für den Diabetiker sind die Kohlenhydratmahlzeiten sowieso abends angezeigt. Für diejenigen, die abends spritzen, ist eine Spätmahlzeit angebracht.

Saures Obst steht deshalb bei den Eiweißmahlzeiten, weil es zunächst eine Säureverdauung braucht. Es wird erst nach 20 Minuten des Ausatmens im Körper basisch. Gedünsteter Spinat und gedünstete Tomaten zählen zu den Fleischmahlzeiten. Roher Spinat und rohe Tomaten sind neutral.

An **Fett** genügen 30—60 g möglichst nicht erhitzte pflanzliche Öle.
An **Eiweiß** braucht man 60—100 g täglich.
Milch ist als Sauermilch, Buttermilch oder Kefir oder Bioghurt am
bekömmlichsten oder zu rohem Obst.
Korn und **Branntwein** sind neutral. **Bier** paßt zu den Kohlenhydrat-
mahlzeiten.
Wein paßt zu den Eiweißmahlzeiten.

Schweinefleisch sollte vermieden werden.
Fleischbrühe ebenfalls.
Roher Schinken, getrocknetes Fleisch, roher Fisch/Lachs und
Quark sind neutral verwendbar, sowohl zu Fleisch als auch zu
Kohlenhydraten.
Gemüse und Fleisch werden am besten im eigenen Saft gedünstet.
Milchsaures Sauerkraut oder andere milchsauren Gemüse wie
Gurken und Rotkraut usw. sind im Gegensatz zu den Gemüsen, die
in Essig eingelegt sind, neutral, also sowohl zu den Eiweiß- als auch
zu den Kohlenhydratmahlzeiten passend.
Trockenfrüchte sollten ungeschwefelt sein.
Den Diabetikern ist außerdem ein vitalisierendes Kurwasser zu
empfehlen wie die Vichy-Wasser oder die deutsche Haderheck-
Quelle von Dr. POHLMANN, Bad Königstein, mit einem ph-Wert von
6,23, auch als Aroma verbesserndes Tee- oder Kaffeewasser geeig-
net.

Umweltgifte können sich in Obst und Gemüse schädlich auswirken.
Durch Biosmonpulver (im Reformhaus erhältlich), das man beim
Waschen und Kochen dem Wasser zusetzt, kann man die Nah-
rungsmittel weitgehend entgiften und revitalisieren.

Auch Leitungswasser wird damit aufgewertet. Wertarme Mahlzeiten bewirken gesundheitliche Schäden. Salate und Gemüse (1 g auf
$7\frac{1}{2}$ Liter Wasser) behalten ihre Frische oder gewinnen sie zurück.
Sie werden von Wurmeiern, Spritzmitteln, Parasiten, künstlichen
Düngemitteln und Fäkalienresten durch Waschen in Biosmonwas-
ser befreit. Biosmon ist ein Urgestein. Wissenschaftliches kann in
anzufordernden Prospekten nachgelesen werden.

Auch Bierhefe, Präparate wie Zell-Oxygen oder ähnliche Mittel ge-
währen ebenfalls einen Schutz gegen Umweltgifte. Auch hier sind
die Prospekte sehr aufschlußreich. Wenn man von beiden Möglich-

keiten Biosmon und Zell-Oxygen täglich Gebrauch macht, hat man eine zusätzliche Möglichkeit, seinen Gesundheitszustand zu fördern. Die Umstellung auf die Trenn-Kost wird genauso zur Gewohnheit wie zuvor die übliche Art zu essen. Von all den vielen Kostformen richtet sich allein die Trenn-Kost nach einem Naturgesetz. Der Mensch wird mit 80 % basischen Elementen und mit 20 % sauren Elementen geboren. In diesem Verhältnis Säuren zu Basen müßte er sich auch ernähren, um seine Gesundheit zu erhalten oder zu verbessern.

Zusammenfassend kann gesagt werden, daß die Trenn-Kost eine ausreichende Ernährung ist, Übergewicht reduziert oder verhindert, trotzdem sättigt und leistungsfähig macht. Sie ist auch auf Reisen durchführbar und schmeckt wie die gewohnte Mischkost. Man gewöhnt sich deshalb sehr schnell daran und hat keine Schwierigkeit bei der Umstellung, da man altgewohnte Rezepte mit kleinen Abänderungen auch weiterhin essen kann. Sie kann nur in den Fällen nicht mehr wirken, bei denen Organe bereits zerstört sind. Noch aufbaufähige Organe erholen sich nachweisbar.

Abschließend der Bericht eines Patienten an unsere Klinik von dem Leiter eines Instituts für Methodik, Leistung und Erfolg. Er schreibt folgendes: „Durch einen Freund wurde ich auf Ihr Werk ‚Die Hay-'sche Trenn-Kost' hingewiesen. Die ersten Monate Erfahrung habe ich hinter mir, und ich bin begeistert. Die Müdigkeit nach dem Essen kenne ich nicht mehr. Meine ganze Schaffenskraft, meine Vitalität, geistige und körperliche Gewandtheit wurden erheblich verbessert. Eine Reihe von Störungen in der Verdauung sind ganz wesentlich besser. Und das schon nach kurzer Zeit. Früher habe ich immer versucht, mein Körpergewicht durch Hungern zu halten, und das hat mir die Stimmung ganz erheblich beeinträchtigt und damit auch die Belastbarkeit, die in meinem Beruf von größter Bedeutung ist.

Heute esse ich mich immer reichlich satt und halte mein Gewicht dabei und nehme sogar etwas ab.

Es dürfen wohl keine 20 Exemplare Ihres Trenn-Kost-Buches reichen, die ich mittlerweile mit bestem Erfolg im Freundeskreis weiterempfohlen habe.

Mit dankbarer Empfehlung
Sekreteriat des Instituts J."

Dieses und ähnliche Schreiben gehören zu unserer täglichen Post und veranlaßten uns auch zu dem Anhang für Diabetiker, die sich genauso wie andere Kranke durch Trenn-Kost wohler fühlen könnten.

Sonderdrucke von Vorträgen auf Kongressen über Trenn-Kost und Elektroneural-Therapie können Ärzte und Interessenten jederzeit übersandt werden.

Sie sind kostenlos anzufordern bei folgender Anschrift:

Klinik Dr. WALB
Am Hohen Berg

6313 Homberg/Ohm, Tel. 0 66 33 / 8 16, 8 17 oder 8 18
Privat: Am Hohen Tor 12, Tel. (0 66 33) 76 68